中职学校慕课、微课应用研究与实践

——以公共基础课为例

朱洪彬 袁广西 主编

中国纺织出版社

内 容 提 要

本书以中职公共基础课为例通过慕课微课的起源、中职微课慕课设计基础、中职学校慕课微课应用模式简介、中职公共基础课慕课微课典型案例应用四个方面简要阐述了慕课、微课在中等职业学校教学中的应用与实践的理论与方法。

本书内容翔实，实例丰富，图文并茂，语言简洁，可作为中职教师开发慕课微课初学者的使用工具书。

图书在版编目（CIP）数据

中职学校慕课、微课应用研究与实践：以公共基础课为例 / 朱洪彬，袁广西主编 .—北京：中国纺织出版社，2019.1

ISBN 978-7-5180-3833-6

Ⅰ.①中… Ⅱ.①朱… ②袁… Ⅲ.①公共课—基础课—网络教学—教学研究—中等专业学校 Ⅳ.① G718.3

中国版本图书馆 CIP 数据核字（2017）第 173680 号

责任编辑：武洋洋　　责任印制：储志伟

中国纺织出版社出版发行

地址：北京市朝阳区百子湾东里 A407 号楼　邮政编码：100124

销售电话：010-67004422　传真：010-87155801

http：//www.c-textilep.com

E-mail：faxing@e-textilep.com

中国纺织出版社天猫旗舰店

官方微博 http：//www.weibo.com/2119887771

北京虎彩文化传播有限公司印制　各地新华书店经销

2019 年 1 月第 1 版第 1 次印刷

开本：710 × 1000　1/16　印张：12.625

字数：202 千字　定价：78.00 元

前 言

在教育信息化逐步深入课堂的大背景下，信息技术正以惊人的速度改变着学生的学习方式，慕课、微课作为一种新型的信息化教学形式，虽然在国外已经非常流行，但国内只有部分大学和部分条件较好的中小学正在使用，并没有全面铺开，只是作为当前教学的补充形式。

慕课、微课作为现在较为流行的、运用信息技术手段教学较为成功的教学形式，其教学效果和应用前景得到了很多专家学者的认可。然而，对于目前的中职学校来说，限于学生群体特殊，专业设置较多，学校基础硬件设施欠缺、教师信息化教学水平参差不齐及学生参与信息化教学的积极性不高等因素，真正从事尝试微课、慕课教学的中职学校不是很多。如何将慕课、微课引入中职教育，提高教师的教学水平，激发学生的学习兴趣，提高学生学习效率和自主学习的能力，我们在中等职业学校公共基础课教学中进行了一些尝试，也取得了一些经验，在此分享给大家，以期共勉，不当之处，敬请各位同仁批评指正。

编者

2018年9月

目 录

第一章
慕课微课的起源

第一节　慕课的起源

大规模开放在线课程（Massive Open Online Courses，MOOCs，中文简称“慕课”）一词于2008年被正式提出。2012 年，慕课取得了突破性进展，并形成了三大平台：Coursera、ed X 和Udacity。随后，美国多所知名大学纷纷宣布与慕课提供平台建立合作关系，向世界各地的学习者提供高质量的课程。

慕课同样对我国的教育领域产生了广泛的影响。2013 年 5 月，清华大学与北京大学宣布加入 ed X；2013 年 7 月，上海交通大学、复旦大学与 Coursera 签署了合作协议；2013 年 9月，“中国式慕课长三角论坛”在复旦大学召开；2013 年 10 月，清华大学启动了“学堂在线”项目。这些都表明我国高校正逐步参与到这一高等教育领域的发展浪潮中。

“慕课”作为一种全新的概念出现在人们的视野当中，对教育界的震动很大，成为学者们竞相研究的课题，也将对教育舞台产生深远的影响。

一、　什么是慕课

“慕课”英文名称为MOOCs。（Massive Open Online Courses），即“大规模、开放式在线课程”。大规模网络开放课程（MOOCs）是指那些由参与者发布的课程，这些课程材料也散布于互联网上。与传统课程只有几十个或几百个学生不同，一门课程动辄上万人，多则十几万人；第二个字母，“O”代表Open（开放），以兴趣为导向，凡是想学习的，都可以进来学，不分国籍，只需一个邮箱，就可注册参与；第三个字母“O”代表

Online（在线），学习在网上完成，无须旅行，不受时空限制。可以把慕课总结为大规模线上虚拟教室。

二、 慕课的主要特征

作为教育领域的新兴事物，慕课得到了社会各界的广泛关注和肯定。美国新媒体联盟（NewMedia Consortium，NMC）于 2013 年发布的《地平线报告》指出，慕课引发了高等教育有史以来最快速的增长。慕课具有以下几个主要特征。

第一，从理论上说，慕课的课程参与者可无人数上限。杜克大学开设的第一门慕课课程注册学生总数超过 1.2 万，麻省理工学院开设的慕课课程注册学生更是达到了 15 万人。慕课改变了传统的基于课堂的学习方式，使得世界各地的学生都能够参与到顶级大学提供的优质课程中，这也是诸多慕课提供平台的宗旨。Coursera 的愿景是“在未来每个人都能够获得世界级的教育”；ed X 则以“集合来自顶尖大学的顶尖课程”作为组织的宗旨。

第二，慕课课程是一种拓展性的、多元化的内容集合。2008 年，乔治·西蒙斯（George Siemens）和斯蒂芬·唐斯（Stephen Downes）最初将慕课设想为“连通主义”的生态系统。根据连通主义理论，知识不再是最终的目标，而是持续不断的活动。学习者通过慕课建立相互联系，对课程内容进行深入探讨，并在学习活动中获得知识，产生新观念。这种模式强调知识的生成比知识的吸收更重要，由此所产生的新知识有助于支撑和发展慕课的生态环境。

此外，慕课发挥了一种资源“中心”的效应。原本分散在网络中的学习材料通过慕课进行重组，不同的主题也可整合到课程之中。教师除了向学生呈现课程视频外，还会提供与课程相关的诸多链接作为视频的补充内容。

第三，慕课运用了大量新兴的教学方法和工具，形成了独特的教学方式。教学内容通常呈现为较短时间（几分钟到十几分钟）的视频，并以知识点的分布为依据分割视频。同时，每门课程都有相关的练习和结课考试，并通过自动评分、同伴评价等方式，对练习和考试进行评分。而且，课程的更新一般与学校以星期为上课周期的时间安排一致，师生、生生间的互动通过在线课程论坛实现。因而，慕课的建设和传递过程需要大量科学技术的支持，如录制高质量的视频、采集并分析数据、建立具有社交网络功能的平台、进行自动评分等。慕课的上述特征也被认为是教育开放理念的体现。慕课的开放性体现在四个方面：开放课程、开放学习、开放评估、开放平台。开放课程意味着学习者可以将不同的教育资源、活动或学科知识进行组合，自主选择学习内容并决定学习进度，满足个性化的学习需要；开放学习意味着所有人都可以共同参与学习与活动，促进新观点和新认识的产生；在开放评估中，学习过程中的同伴评估、集体评估等方式提高了评估的合理性；开放平台为学习者搭建了一个动态的、交互的开放性教育社区，信息和数据能够在不同的平台之间共享。慕课带来的资源的开放以信息的易获取性被新媒体联盟认为是未来五年内会对高等教育产生影响的第一大重要趋势。

慕课的兴起被认为是“唤醒了我们的想象力”，激发了我们探索全新的教育方式的灵感。慕课所引发的全社会关于在线学习的讨论和思考，或许正是它最大的潜在意义和价值。

三、　慕课带来的变革

（一）加强线下面授

慕课不同于普通的在线课程，也不同于公开课，以往的在线课程往往是以单方向的授课为主，缺乏互动和学习交流，更无法对学生的学习进行管控。而慕课则解决了这些问题，在慕课模式下，大学的课程、课堂教学、学生学习进程、学生的学习体验、师生互动过程等被完整地、系统地在线实现。在知识的学习管控上，慕课模式甚至要强于线下面授。比如参加一个java技能培训的系列课程，你可能必须按要求完成课程任务，才能进行下面的课程，甚至在课堂上你也不能放松，随时需要完成课程中的要求，这一切正在被先进的智能化教学模式实现并不断地完善。

（二）提高教学效益

由于网络的资源的共享性，慕课可能使在线学习的费用降到极低的程度，因为，一个老师发布的课程能被成千上万的人同时学习，而这是线下面授课程无法比拟的。来自全世界的学习者将会形成一个巨大的学习俱乐部，交流、互助将学习变得更灵活。由此看来，慕课是一个不错的网络学习平台。

（三）形成全新的大学格局

慕课拆掉了大学的围墙，必须重新思考并重塑大学与社会的关系，更好地履行大学服务社会这一重要职能，不能期盼一切尘埃落定之后再采取行动。这场在美国发起的大规模开放在线课程，其运作模式开始触动传统高等教育的根基，将引起大学的重新洗牌，最终形成全新的大学格局。随着国外一流在线教育平台大规模进入中国，以及国内相关资源共享平台的逐步建立和完善，传统大学的围墙正在逐步打破。这种情况下，高水平大学的名字有可能随着他们优质的教育资源传到全世界任何一个角落，也有机会基于“慕课”平台，在更广泛的范围选择到更优秀的学生。国外一些公司已经开始考虑招聘时是否承认“慕课”三大供应商的课程证书，这就意味着，未来，学生通过在线教育平台学习拿到证书就可以找到工作，而不一定非要拥有名牌大学的学位和学历证书。教育部、国家开放大学、上海市都相继推出了自己的资源共享平台，这些平台都不同程度地具备“慕课”的特征。

四、　慕课推广面临的问题

网络公开课在网上出现后，曾一度出现热潮，但跟踪调查发现，这股热潮并没有持续多久，而所谓“慕课热”，也是少数几门热门课程热，对于一些系列课程，耐心听完的人，少之又少。慕课尽管受到学习者的万众期待，但其互动和评价功能未能得以完全展现。而且，要想真正把慕课推向深入，还需要考虑更多的问题。首先是学习者对于学习成果认证的要求。曾有学者提出，在我国升学教育模式中，读书的价值观异化为“升学有用，读书无用”。在这种情况下，慕课要引起受教育者的关注，必须和现实相结合，回应功利的读书价值观。这就应该给予慕课学习相应的学分，累积到一定学分可获得学位，而这些涉及国家人才评价体系和学籍、学分、学历证书等一系列教育制度的改革，绝非一朝一夕之功。

其次，必须找到持续稳定的资金技术支持。目前，除了“中国大学资源共享课”由教育部出资外，建设的在线课程主要靠大学自己的资金和技术投入。在线教育是一种新兴的互联网技术应用，成本昂贵，不确定性大，仅仅依靠大学自身的投入难以支撑长久的运营。因此，有必要在探索中建立政府扶持、大学主导、企业参与、开放竞争的在线教育平台建设机制，这样才能保证在线教育的稳定发展。

五、　慕课的未来发展空间

尽管存在很多困难，但不得不承认，“慕课”确实为中国大学教育舞台指出了一个改革的方向。接下来怎么走，仍需要中国大学不懈的探索。

（一）加入美国的慕课平台，近距离学习国际先进在线教育

加入美国的“慕课”平台是机遇，也是挑战，决不能作为我们的终极目标，有些方面，解决中国大学自己的问题，还需要大学在实践的基础上去创新，建设自己的慕课教育平台。正如复旦大学新闻中心主任方明指出的那样，加入某个联盟，只是一个开放的姿态而已。这些联盟也不会成为中国高等教育的拯救者。

（二）通过慕课，探索学籍、学分、学历证书等管理制度的改革

对于学习者关心的学习成果认证问题，教育部相关负责人也表示，正在积极探索学籍、学分、学历证书等管理制度的改革，探索建立适应学习者个性化学习需求和终身教育体制要求的在线教育管理制度。据国家开放大学校长杨志坚介绍，国家开放大学承担了教育部交给的关于学习成果认证、积累、转换的制度框架研究任务，并通过“学分银行”的形式逐步开展实践。将来，国家学分银行的建成或许将为学习成果的认证提供一个很好的模式。

（三）通过慕课，改善教学理念、提高教育质量

如何提高教学质量的问题，其实，美国的“慕课”也没有给出很好的答案。专家认为，通过加入美国的高水平“慕课”平台，可以一方面直接借鉴他们的课程辅导我们的学生，另一方面利用这个平台来推动我们国家的教学模式改革，这样才能真正提高中国大学的教学质量。比如说以后的计算机教学，所有的课程不采用面授，都是采用这一种模式。

总之，慕课已经登上世界范围内高等教育教学舞台，它已从最初的高校自身优秀教学资源的展示，向跨学科教学、高端综合教育及为社会学习者提供多元化、高水平网络互动课程发展，并加速从最初的面向本国教学向面向世界的开放教育升级。

第二节　微课的起源

微课（Microlecture），又名微课程，是相对常规课来说的一种微小的课程，用以讲授单一知识点或突破某个教学问题。它通常由简短的微课视频及配套资源所组成，教师可在课堂上利用微课作为授课的素材，而学生可通过微课进行预习、复习等，实现自主学习。同时，简短的微课视频让学生更好地集中注意力，把握课程要点。作为一种现代化的教育新形式，微课受到国内外教育者的广泛关注，在移动学习和在线学习等方面得到应用并取得了良好的教学效果。然而，微课的确切定义仍在争论之中，国内外微课资源的建设及在教学上的应用也具有明显差异。国外微课资源网站的建设相对新颖和完善，并已应用于日常教学中，而国内微课资源在教学上的实践应用仍处于探索阶段。

通过介绍和对比国内外较具影响力的微课资源网站中微课内容的呈现形式、配套资源的建设以及微课在教学上的应用情况，希望为教师更好地认识微课、开发微课资源及促进微课在教学上的应用提供参考。

一、 微课产生的背景及其概念界定

微课的雏形最早见于美国北爱荷华大学（University of Northern Iowa）的有机化学教授Le Roy A. Mc Grew 在1993年提出的“60 秒有机化学课程”，目的是让非科学专业人士在非正式的场合中也能了解化学知识，并希望将之运用到其他学科领域。1995 年，英国纳皮尔大学（Napier University）的Terence Kee教授提议，让学生对特定主题进行一分钟演讲（One Minute Lecture，OML）。他认为，学生在特定的领域中应具有掌握核心概念的能力，以应对快速发展的学科知识及交叉学科的融合，在准备过程中，学生必须去思考那些与主题相关的、应被熟悉掌握的核心概念。

2008 年，美国新墨西哥州胡安学院（San Juan College）的高级教学设计师、学院在线服务经理戴维·彭罗斯（David Penrose）正式提出了微课这一概念，并运用于在线课程。他认为，微课是一种以建构主义为指导思想，以在线学习或移动学习为目的，基于某个简要明确的主题或关键概念为教学内容，通过声频或视频音像录制的六十秒课程。微课不仅可用于在线教学、混合式教学、远程教学等，也为学生提供了自主学习的资源，让学生随时随地进行知识巩固学习。

国内研究者对微课有着不同的解读。率先提出微课概念的广东佛山教育局研究员胡铁生将之定义为：“按照新课程标准及教学实践要求，以教学视频为主要载体，反映教师在课堂教学过程中针对某个知识点或教学环节而开展教与学活动的各种教学资源有机组合。其核心内容是课堂教学视频（课例片段），同时还包含与该教学主题相关的教学设计、素材课件、教学反思、练习测试及学生反馈、教师点评等教学支持资源，即以一定的结构关系和呈现方式共同营造了一个半结构化、主题突出的资源单元应用‘生态环境’，是在传统的教学资源类型的基础上继承发展而来”。

可见，在微课概念的界定中，国内研究者更加注重微课与实际课程标准、课程资源等内容的结合，并丰富了微课的内涵。

二、微课与常规课的比较

通过对文献及微课资源网站的研究发现，微课与传统的常规课有着较大的区别（见表1-2-1）。

表1-2-1　微课与常规课的比较

	微课	常规课
授课内容	单个知识点	多个知识点
适用学科/内容	理科或不需要持续讲解探讨的内容	所有学科
授课方式	以教学视频、音频等信息技术媒体为载体，可根据需要反复观看课程视频	面对面讲授，课程无法重现
授课时长	10分钟以内（部分微课的授课时长在15–20分钟）	40分钟
教学场地	任何场所进行	学校教室进行
设备支持	多媒体数码终端设备（如计算机、智能手机、平板电脑）	计算机、投影仪、黑板或电子白板
知识点针对性	强	弱
对教师信息技术要求	较高	较低
网络环境要求	较高	较低

相比于常规课，微课对师生及校园基础设施建设也提出了更高的要求。对学生而言，微课能促进学生自主学习与个性化学习，通过观看微课视频，对知识进行查漏补缺，自主选择性强，同时，微课还要求学生具有

分析、收集和应用信息的能力。对教师而言，授课场所不局限于教室，教师通过录制微课视频，让学生随时随地进行学习，而这不仅需要教师具备学科知识与教学技能，还需教师提高信息技术水平并改进教学方法，并在简短的时间内讲授知识点。对学科而言，并非所有学科都适合进行微课教学——对于大部分的理科来说，其知识点明确，只需要清楚讲授某个概念、公式、实验等即可，这能达到编制微课的要求；而对于需要长时间持续探讨的课程或是对复杂解题过程的讲解，微课便不能达到较好的效果。

随着计算机网络技术、移动电子产品等迅猛发展，微课为远程教育、在线教学、移动学习等提供了新的教学形式，在校园基础设施建设上，要推进数字化校园建设、加强校园网络建设并引入先进的教育技术。

三、 微课资源网站的建设概况

近年来，微课资源网站不断涌现，并取得新进展。如国外的 Khan Academy、TED-Ed、Teachers Tv、In Time、Watch KnowLearn，国内的中国微课网、微课网、大中小学优秀微课作品展播平台等。

国外最具影响力的微课资源网站是可汗学院（Khan Academy）及 TED-Ed。可汗学院是由萨尔曼·可汗（SalmanKhan）于2006年创建的一个非盈利教育组织，现有超过4000个发布于 You Tube平台的微课视频，他们希望通过这种在线教学的方式为人们提供免费的高品质教育。TED-Ed是TED（Technology Entertainment Design）大会于2011年在其官方网站上开辟的专门针对教育者的频道。它关注如何将TED 演讲应用到中小学教学中，其微课视频发布于YouTube平台，并希望为人们提供“值得分享的课程”（Lessons Worth Sharing）。

国内最具影响力的中小学微课资源网站是“中国微课网”，它是国家教育部教育管理信息中心主办的首届“中国微课大赛”而创办的资源平台，现有上万件微课作品，涉及中小学各学科内容。此外，国内高校微课资源网站——全国高校微课教学比赛，为师生提供了大学课程。

（一）微课内容的呈现形式

1. 国外微课内容的呈现形式

国外微课内容的呈现形式多样，如卡通动画、电子黑板、真人演讲等，课程面向不同年龄、专业等人群，其内容短小精悍，时长一般在10 分钟左右，并配有对应的字幕，便于人们学习。下面以可汗学院及TED-Ed为例进行介绍。

可汗学院的微课包括数学、科学与经济学、计算机科学、人文学、测试准备（Test Prep）以及与著名高校（如，Stanford School of Medicine、麻省理工学院）合作的医学、实验等，其内容主要以电子黑板和教师旁白讲授相结合的形式呈现，并配有多国语言的讲授字幕。其中理科课程较为完整和系统，教师通常采用例题讲解的方式进行知识点的讲授，没有过多的导入，直接进入主题（如图1-2-1）。除基本课程外，每个专题还设有相应的

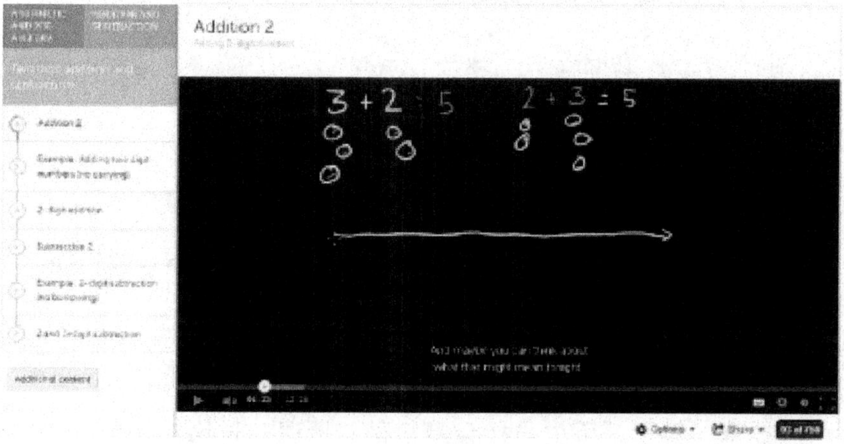

图1-2-1　可汗学院的课程讲授界面

拓展性内容（Additional Content）供学生提升能力。

可汗学院的课程讲授界面TED-Ed的微课包含 32个主题，不仅有中小学课程内容，还涉及大学课程，分别有：艺术、数学、商业与经济学、科技文娱与设计（TED）、文学与语言、哲学与宗教、心理学、科学与科技、社会研究、教学与教育、健康等多个学科。微课内容多以卡通动画及真人演讲的形式呈现（如图1-2-2），视频常配有同步讲授旁白、字幕及知识介绍，具有界面生动多彩、内容简短精练、知识点明确的特点，符合中小学生的心理特征及学习水平。学有余力的学生可在Dig Deeper上了解到更多相关知识。

2. 国内微课内容的呈现形式

国内微课内容的呈现形式主要以结合PPT 等多媒体的教师讲授或课堂实

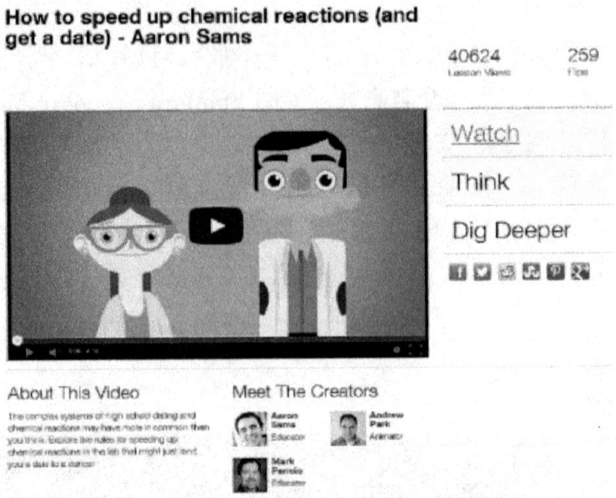

图1-2-2　TED-Ed的课程讲授界面

录片段这两种形式呈现，微课内容与中小学课程教学大纲紧密相连。下面以中国微课网为例进行介绍。

中国微课网目前涵盖了来自全国31个省市的中小学教师上传的参赛微课视频，涉及语文、数学、英语、物理、地理、化学、生物、政治、历史、信息技术、科学、历史与社会等学科，授课时长均在 10 分钟以内。微课内容主要来源于中小学常规课的教学内容，部分微课是课堂实录小片段，也有一部分是教师结合课件的讲解，视频常配有相关课程说明，方便

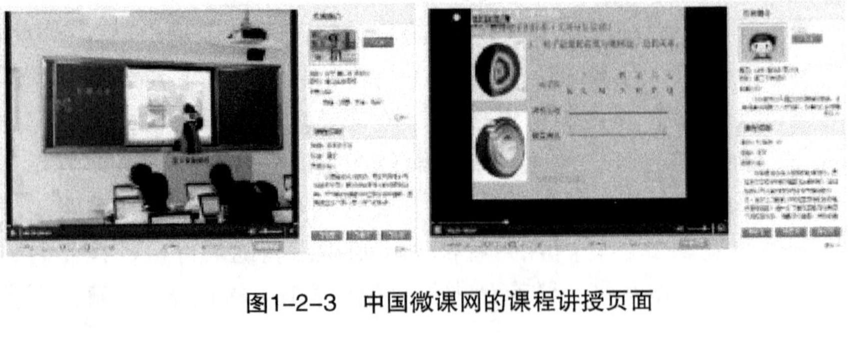

图1-2-3　中国微课网的课程讲授页面

学生寻找对应的知识点。

由此可见，国外微课涉及的学科更加丰富，其内容的呈现形式更加多

样，除了以真人讲解演示外，还以电子黑板、卡通动画等形式呈现，能够吸引学生的兴趣。这也得益于微课的设计开发团队不仅包含学科教师，还有不少制作动画、视频等专业技术人员。相比之下，国内微课内容的呈现形式较单一，仍以课堂实录片段为主，教师们更倾向于对自己的优质课视频进行后期加工，这也使授课内容缺乏一定连贯性。由于教师自身的编辑处理能力不强，加之缺少专业技术人员对视频进行录制、加工处理等，课堂实录的效果不佳，从而影响微课视频的实用性。

（二）微课配套资源的建设

尽管微课的核心是“微视频”，但完整的微课还需要与相应的学习单、学习活动流程等相结合。与微课视频配套的相关资源包括知识向导、在线练习、课件讲义、评价反馈等，它们是微课的重要组成部分，同时也为师生评价教学和学习效果提供依据。

1. 国外微课配套资源的建设

国外在微课配套资源的设计和建设上不仅较为完整，且别具特色。

如，可汗学院的一大特点便是为学生提供了知识地图（Knowledge Map）（如图1-2-4）以及自定学习计划（如图1-2-5）。知识地图将零散的知识点以网络图的形式串起，为学生指明学习路径，并由浅层次向深层次递进，同时明确指出知识点所需掌握的技能，让学生明确自己的学习任务。每次登录学习后，学生都能在导航中看到自己的学习历程，以回顾自己所学的知识。

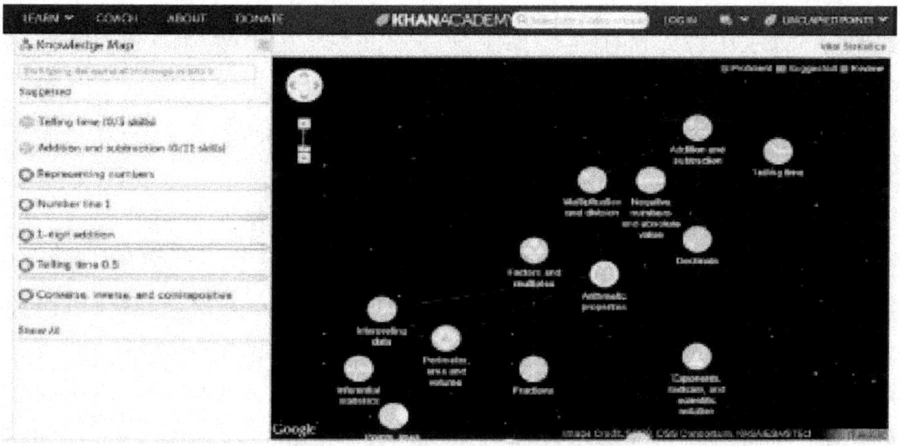

图1-2-4　可汗学院的知识地图

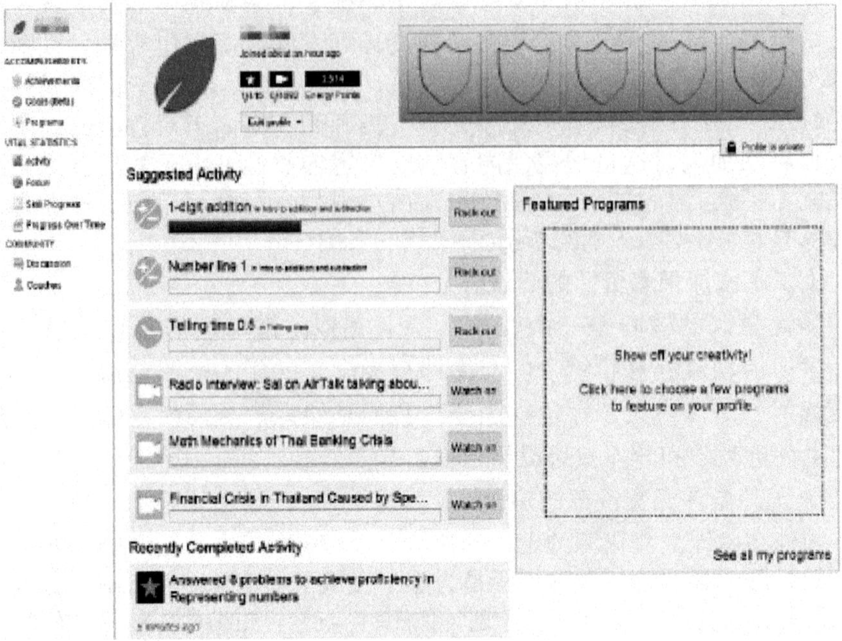

图1-2-5　可汗学院的学生个人主页界面

学生还可以根据自身需求制订学习计划，并添加用户作为自己的教师。可汗学院不仅会记录每个学生的学习历程，还对学习及测试情况进行数据统计，让学生知道自己存在的不足，及时调整学习计划。这也让教师清晰地看到学生存在的困难，便于教师帮助学生解决学习问题，并适当调整自己的教学内容。在学习、测试结束时，网站还为学生制定了一套“成就”制度，它根据学生的学习情况，为其颁发“勋章”，以鼓励并激发学生学习动力。

可汗学院采用专题测试的形式评价学生的掌握情况。每学习完一节微课，可汗学院会提供学习者相应的练习题，以测试学生对该知识点的掌握情况（如图 1-2-6）。学生在练习的过程中如果遇到困难，不仅可以通过“提示”选项得到详细的解题帮助，还可以在视频区重新观看微课视频。系统会根据学生的做题情况予以评分，当学生回答正确时，方可进入下一题。每个微课的问题和提示反馈区（Tips&Feedback）可供学习者提问、讨论以及对课程予以评价，不仅为学生提供了相互学习的平台，也让教师得

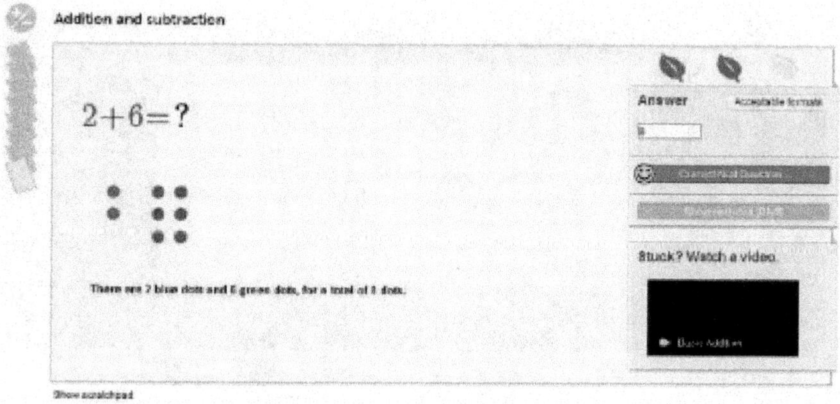

图1-2-6　可汗学院的在线测试界面

到学生的反馈信息，帮助学生解答问题。在“测试准备”模块中，可汗学院为参加等级考试（如SAT Math）的学生提供在线测试和帮助。

2. 国内微课配套资源的建设

国内的微课教育网站主要有面向学生的在线学习网站，如微课网，及面向教师的优秀教学课例评选与展播平台，如中国微课网、佛山教育视频点播系统。由于面向的群体不同，网站所提供的配套资源也有所差异。面向学生学习的微课网站主要提供在线测试、在线问答、课程讲义等资源，而面向教师专业发展的优秀教学课例评选等网站主要提供授课教师的课件、教案、在线评论等。

面向初高中学生的“微课网”在每节微课中设有与之相关的在线同步测试、学习攻略、课程讲义、答疑及评论专区（如图1-2-7）。系统会根据学生测试情况进行统计，将结果记录在我的微课中，并对测试中的错题进行分类，收集在“错题本”中，供学生进行知识点强化。除此之外，该网站还提供了各学科的综合性测试，包括个人测试和邀请赛测试（邀请其他同学一同测试）。答疑专区提供学生与教师互动的平台，学生可以就课程中出现的疑惑询问授课教师，而教师也可通过该平台及测试情况了解学生对课程的掌握情况。

主要面向中小学教师的“中国微课网”在每节微课中均设有授课教师的“微教案”“微课件”“微反思”及“其他附件”。这些资源与视频结

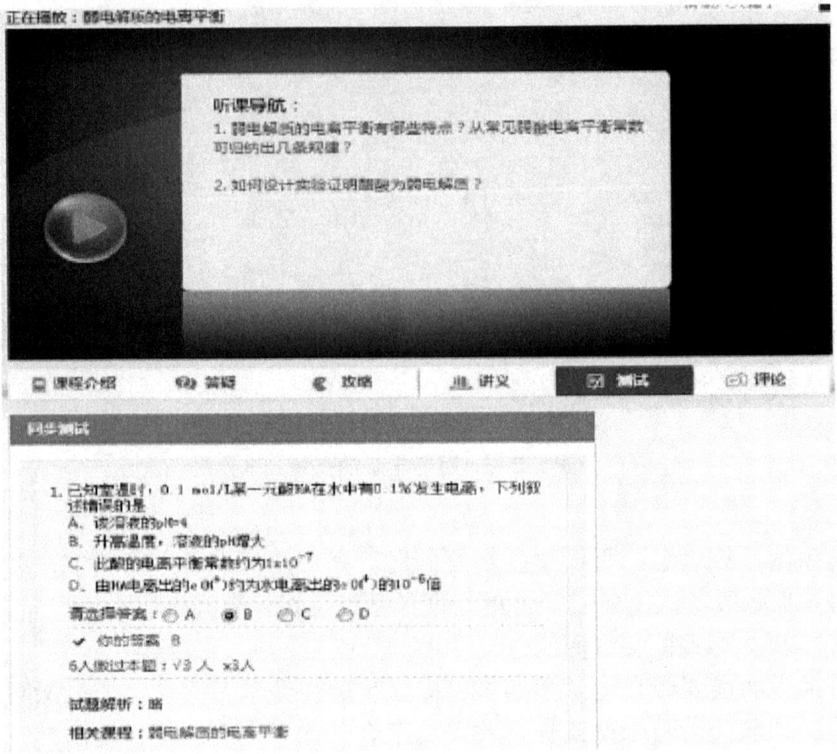

图1-2-7　微课网的课程讲授及测试界面

合后，用于教师的专业发展及同学科教师之间的交流。该网站不仅设置了评论专区与问答专区，便于用户与授课教师之间的互动，还设置了“微课论坛”，其中包括“管理区”“微课交流区”及“综合交流区”，教师在此除了可以表达自己的见解外，还能学习微课的制作。

由此可见，国内外微课资源网站均为师生提供了互动平台，便于答疑、交流。而国外微课配套资源的建设相对完善，不仅含有多种题型的相关练习，还有知识地图、学习任务、成绩统计、奖励制度、编辑个性化课程、自定学习计划等，这有利于学生的自主学习和在线学习，并给予师生及时的教学反馈。国内的微课配套资源主要是提供教师之间交流学习的教案、反思和评价，这是国外配套资源所缺乏的，但国内针对学生学习的配套资源不足，仅提供相关的习题测试、学习攻略等，因而不能充分地发挥微课在教学上的作用。

四、　微课在教学上的应用

（一）国外微课在教学上的应用

2008年，戴维·彭罗斯提出微课概念后便在胡安学院推广应用，教师们将微课应用于职业安全、学术性阅读、兽医学等课程的讲授中。这种授课形式促进了学生的自主学习，学生通过笔记本等电子移动设备反复地观看微课视频，从而理解概念、明确解题的步骤方法等，进而完成书面作业、实践活动，教师根据学生作业等任务的完成情况得到反馈。教师利用微课进行教学，让学生更能集中注意力，并留下更多的时间给学生练习。

微课在胡安学院得到应用后，这种新型的教育方式也备受关注。如今，国外许多中小学也开始利用微课进行教学，教师通过录制微课视频或利用较完善的教育微课网站，结合自身课程的需求进行教学。

除了将微课应用于学生自主学习外，教育者也利用微课促进教师专业发展。如，teachers TV涵盖英国中小学及幼儿园阶段的微课视频，不仅为学生提供课外学习资源，还为教师提供课堂教学资源，帮助教师拓宽教学技能并深化教学管理与实践。

（二）国内微课在教学上的应用

1. 在教师专业发展方面的应用

我国广东省佛山市教育局研究人员胡铁生在整理了中小学教师对不同教学资源类型的需求后，结合自身区域资源建设的实践与思考，于2010 年率先提出微课概念并将中小学优质微课区域资源的开发付诸实践。2010年，佛山市成功举办了首届中小学教师优秀微课作品大赛，主要面向中小学一线教师，并获得了积极响应，共征集1700多件优质规范的微课参赛作品，作品类型包括讲授类、探究类、导入类、合作类、问答类、实验类、练习类、说课类等，其中以讲授类及探究类微课作品数量居多，达23.7%和22.3%。佛山市在2012年又举办了第二届中小学教师优秀微课作品征集评选活动，而在江西省、浙江省等地区也相继开展了中小学优秀微课作品征集活动。江西省所开展的优秀微课评选活动主要面向全省中小学（幼儿园）全员远程培训参训教师，该活动也提供了相应的评选平台，供教师上传作品、大众评论投票等。

2012—2013 年，我国教育部教育管理信息中心举办了面向全国中小学教师的首届“中国微课大赛”。教育部大赛主委会也通过在全国一些省市展开微课的宣传与培训活动，引导教师积极参与，使微课走进学校、走进学习、走进生活。目前，大赛已征集全国31 个省市上万件参赛作品。

除了在中小学阶段进行微课开发应用外，高校也开展了微课的建设和评选活动。2012—2013 年，我国教育部全国高校教师网络培训中心主办了首届“全国高校微课教学比赛”，大赛面向全国高校各学科教师，并分为文史、理工及高职高专三类，涉及哲学、经济学、理学、医学等 12 门学科。

2. 在网络教学上的应用

目前，国内微课在日常课堂教学中的应用较少，但在一些课外的网络课堂上有所应用。如2010年，天津市普通高中选修课程“空中课堂”项目实现了向小学扩展，其中由天津市电化教育馆摄制开发的《习字与书法》网络微课，让学生通过网络平台进行个性化的学习（如图1–2–8）。《习字与书法》网络微课共有160课时，每课时授课时长为15分钟。其结构大致包括：回顾旧知、巩固所学；导入新课、明确目标；教授新知、突出重点；小结要点、布置作业四个部分。这种网络微课较好地解决了天津市书法课师资紧缺的难题，不仅让更多的学生喜欢书法艺术，还提高了家长对书法的重视程度与鉴赏能力，形成了家校教育合力，同时也激发了广大教师挖掘特色课程的意识。为更好地推进书法艺术教育，发挥该课程的作用，天

图1–2–8　开放学堂网络课程“博学乐园”页面

津市教委于2012年5月至9月成功举办了首届“博学乐园”硬笔书法网络大赛，共收到来自全市各区县146 所小学的5959 件硬笔书法作品，他们希望通过比赛达到“以赛促用、以用促建”的目的，让更多的学生能够享受到优质的教育资源。

2012年12月，由凤凰卫视集团、华南师范大学、各大出版社集团及电视台协同创办的“凤凰微课”正式启动。目前，在凤凰微课网（体验版）所发布的课程主要分为八大板块，即凤凰教育、公开课、教师培训、职业教育、网络学院、心理学、家庭教育及特殊教育。每门课程分为若干专题与知识模块，采用小学分、按模块计算，可累积、可分别选修，为此还构建了面向终身学习的“学分银行”系统，初步实现了职前教育与职后教育相衔接，学历教育与非学历培训相沟通。

从微课的应用上看，国外已将微课应用于日常教学中，并得到了良好的教学效果，这得益于国外灵活的教学体制和组织形式以及较系统的微课资源平台，而与微课相对应的教学模式也成为研究热点。我国微课正处在征集评选阶段，尽管目前所征集的微课视频数量繁多，涉及大中小学各阶段学科课程，但应用在日常教学上的案例极少，仅有一些学校将之作为第二课堂。然而，我国更多的将微课应用于教师专业发展、教师间相互交流、评课等实践，各地区、各学段的微课大赛便是通过该形式来提升教师的专业能力、评选优秀教学课例。

五、　小结与启示

通过上述比较可见，国内外微课资源建设及其在教学上的应用具有如下共同特点：

第一，微课内容精细化，呈现形式多样化。国内外微课大多以精短的视频呈现，尽管涉及学科多样，但内容精细，不仅从学科、主题、模块、年级等方面对微课内容分类，更从知识功能上细化，分为概念型、实验型、练习型等。知识点及其功能的明确，为自主学习与个性化学习提供有力支持。并且，作为微课核心部分的微课视频的制作效果和呈现形式对微课的应用有着重要影响。微课内容的呈现形式不再局限于课堂实录，还可通过录屏软件、PPT、Flash 等技术制作的视频让其呈现形式丰富多样，更能吸引不同学段学生的注意。

第二，配套资源特色化，资源平台共享化。国内外微课资源平台不仅提供视频资源，更发展为了互动型的教学平台，并且配套资源别具特色，不但有配套练习，还有知识向导、学习反馈记录等特色化配套资源。作为微课资源平台建设的重要组成部分，配套资源在发挥学生自主学习方面的作用不言而喻。如今，微课资源平台的开放性更使不同地区，甚至不同国家的师生能共享优质教育资源。

第三，应用形式多元化，面向人群普及化。微课涉及学科的广泛性及其内容的精细化，使其不再局限于单一的应用形式。在日常课堂教学、网络教学方面，均得到应用与推广，且微课为教师专业发展、教研形式提供了新途径，扩大应用人群。

尽管我国微课在资源建设及应用上已取得一定成效，但与国外相比，仍处于探索阶段，在资源建设与教学应用上，仍需完善，由此可得到一些启示：

（一）丰富国内微课内容的呈现形式

国内微课视频仍以课堂实录片段为主，其内容的连贯性不强，加之视频录制效果不佳，导致微课在教学上的应用效果大打折扣。而国外微课内容的呈现形式相对丰富，除真人讲解演示外，卡通动画、电子黑板等形式让微课更加生动有趣，知识要点的呈现更加简明，能引起学生的兴趣，符合其心理特点。视频的录制处理需要较高的信息技术技能，我们可以借鉴国外微课视频的制作方法，聘请相关技术人员给予指导与帮助。

目前，网络电子商城可下载到不少 App 用以在移动设备Theory Front31 2013年第6期总第219期或计算机上录制授课视频，如Edu Creations，教师在有限的条件下可以利用这些简单的应用软件并添加一些简易动画、图片等来丰富微课内容的呈现形式。同时，教师还可以结合先进的数字化仪器设备进行微课资源开发，如，利用数字化“手持技术”制作实验类微课，该仪器能将物质变化过程、实验数据及曲线图实时、准确地记录并呈现，使得微课的形式得以拓展，让学生在学习实验操作、观察宏观实验现象时，能根据数据、曲线的变化分析实验原理。此外，微课内容除了通过老师讲解外，也可借鉴国外添加字幕的方式帮助学生理解知识、强调重难点，也避免因教师语速过快而使学生忽略了细节内容。

（二）完善微课配套资源的建设

现今国内外微课网站仍在不断更新完善，我们可以学习国外相对系统的微课网站，完善配套资源的内容和形式，即在设有练习、交流、教案、反思等基础上，增添自定课程计划、课程知识向导、数据统计、即时笔记等功能；形式上可以采用教育游戏理念的设计，基于娱教技术或信息技术，将教学目标同游戏的形式结合，如，利用“520 化学桌游”突破化学用语学习困难，让学生在特定的情境中通过玩牌、闯关、做任务等多种游戏化学习的形式达成相应的教学目标。

国内外微课网站在教学评价和对学生管理监督系统的建设仍显不足。在评价上更多采用习题测试进行量化评价，缺少对学生学习态度、教师教学效果等师生、生生之间互评及自评，我们应根据现有教育评价的标准和原则，结合微课的特点建设多样化的评价系统，包括定性与定量评价、智力因素与非智力因素评价等；在学生管理监督上，可建立学习监督系统，帮助教师在课下检测学生的学习情况并给予指导和帮助。

随着平板电脑、智能手机等移动设备的普及，国内外不少资源网站已开发了在移动设备上运行的移动应用，国内的微课资源网站也可开发与网页中微课和配套资源相应的移动应用，让学生随时随地看微课视频、完成学习任务，实现学生的在线学习、移动学习等。

（三）拓展微课在教学上的应用与研究

微课建设的目的在于交流与应用，其价值在共享应用中方能体现。纵观国内外微课资源在教学上的应用情况，国外已将微课融入日常教学中，供学生进行自主预习、复习，并取得一定成效，而国内微课在该方面的应用研究极少，且对微课应用于教学的过程与效果分析、评价等方面的研究不多，学生对微课资源的应用情况和学习体验的调查几乎是空白，加强这些方面的研究，对完善微课资源设计和建设具有重要的意义，对检验其实用性也有一定价值。

构建适用于微课的教学模式也是国内外教育者对微课应用研究的热点，国外将微课应用于课堂的有效教学模式——翻转课堂教学模式已被应用于美国的不少中小学之中。由于国内外教学体制不同，我国对该模式的应用处于探索阶段，我们可以借鉴国外将微课应用于翻转课堂的成功经验，结合本国各学科的课程标准，将该模式进行修改构建，以适用于日常教学。同时还要扩大学科范围和应用人群，不仅要将微课应用在理科教学上，也可将之应用在文科课程以及艺术课程上，供不同群体进行学习。

微课的价值不仅体现在为学生的学习方式提供了新的途径，还体现在对教师专业发展的影响上。微课是教师教学经验和智慧的结晶，教师之间可通过微课分享教学成果、教学理念、教学特色、教学技能等，新教师还可以通过微课来完善备课，抓准教学重难点。此外，微课对培养和提高在校师范生的教学技能具有一定的价值。师范生可以根据自己所需强化的技能或教学策略的应用来观看相关的微课，如，导入技能薄弱的学生可以观看新课导入类的相关微课，有针对性地强化该方面的技能。

第三节 “慕课”“微课”与“翻转课堂”的实质及其应用

目前，“慕课”“微课”“翻转课堂”已成为课堂教学改革的流行语，其来势之猛，大有颠覆传统课堂、迎来课堂教学革命之势。这种源于美国的教学形式，目前已经引起了国内许多中小学和教育行政部门的重视，如山东省昌乐一中宣称是省内第一家“慕课学校”，从 2013 年秋季新学期开始在初一、高一各取两个班进行翻转课堂实验。山东省济南市历下区教育局也于 2013 年 7 月颁布了“翻转课堂”教改实验实施意见，提出在全区义务教育阶段学校积极开展数字化网络环境下学习方式的探索，开展“翻转课堂”教学的研究。特别是华东师范大学2013年 9 月成立了慕课中心，并组织了高中、初中、小学慕课联盟（C20MOOCs），开展了一系列的研讨活动。甚至有的专家放言：“慕课将翻转基础教育课堂”，“将来可能一门课就是一个优秀教师上课，别的都是辅导员”，教师未来的选择就是“当讲师还是当辅导员”。

“慕课来袭”似乎使人们看到了基础教育课程改革的新动向，“慕课”真的能翻转中小学的传统课堂吗？“慕课”与“微课”的实质是什么？在课堂教学中的积极作用是怎样的？其适用范围是什么？“翻转课堂”会成为今后课堂改革的主流吗？

一 “慕课”及“微课”的积极作用与适用范围

我们说“翻转课堂”会加重学生的课后负担并没有忽视“慕课”和“微课”带来的积极作用。“慕课”和“微课”是借助先进的信息技术和网络平台实现的，其积极作用不能低估。它首先表现在优质资源共享和自学的灵活性上。目前传统课堂的小班上课，由于一个学校教师水平的参差不齐，一些优秀教师所教的班有限，别的班的学生没法享受优秀教师的资源，更别说学校之间的差距更大。多年来屡禁不止的择校问题，与其说是择校，不如说是择师。虽然优质学校的硬件设施好于薄弱学校，但家长更看重的是优质学校的师资水平。而传统的手工式的教学方式，再优秀的教师也只能教几个班的课，不可能让外班外校的学生享受到这种优质资源。俗话说“庄稼种不好误地一年，学生教不好误人一生”。如何发挥优秀教师的讲课资源，“慕课”和“微课”可以部分地解决这一问题。

通过以上的分析我们认为，“慕课”不能完全颠覆传统的实体课堂，不能代替老师在课堂上的现场点拨和指导，只能作为课堂教学的一种补充。其作用主要表现在以下几个方面：

1. 适于教师在备课时借鉴学习

通过“慕课”可以募集到许多优秀教师的讲课课件，这些优秀教师对课程标准的理解、对教材的分析、对课堂教学的设计都是难得的课程资源，如果教师在备课时能学习借鉴这些优秀资源，一方面会提高个人的专业素养，另一方面可以直接借鉴学习，提高自己的教学水平。因为微视频不同于过去网上的课堂实录和优秀教案，它是以 PPT 课件的形式配以教师的讲解，对教师的备课能起到直接的启迪借鉴作用。

2. 适于转化学习困难的学生

在课堂上同样的授课时间，学习困难的学生并不能完全掌握，教师也没有时间专门去照顾这些学生。过去靠课堂笔记难以复现教师讲课的情境，现在有了微视频，学生在课后复习时可以反复观看，加深理解。还可以根据“慕课”提出的练习题进行变式练习，确实有助于转化学习困难的学生。

3. 适于家长辅导孩子

现在家长普遍重视孩子的学习，有的家长想辅导自己的孩子苦于不能了解教师的讲课进度和要点，也有的限于文化水平觉得辅导不了。现在有了“微课”，家长在家也可以反复观看，首先自己明白，然后检查和辅导自己的孩子就方便多了。甚至家长可以通过智能手机在上班的地铁上或中午休息时间下载观看老师的微视频，提前学习，回家辅导孩子时做到心中有数。

4. 适于学生的课后复习

根据艾宾浩斯的遗忘规律，学生在课堂上学得再扎实过后不复习也会遗忘，而学生在复习时如果能够观看老师的微视频，会加深自己对教材的理解，会复现老师讲课的情景，激活记忆的细胞，提高复习的效果。所以老师在课后可以把自己的微视频放到网络上，供学生复习时参考。

5. 适于缺课学生的补课和异地学习

有些学生因病因事缺课，过后找老师补课，一是老师不可能有时间及时给学生补课，二是老师补课时也不会完全像在课堂上讲课那么具体。如果有了“微视频”，学生即使在外地，也可以通过网络下载老师的“微课”自学，及时补上所缺的课程，使“固定学习”变为“移动学习”。现在笔记本电脑、平板电脑、智能手机比较普遍，携带方便，都能实现这种移动学习。

6. 适于假期学生的自学

中小学生每年的寒暑假时间都比较长，除了参加一些必要的社会实践活动外，一般老师都会布置一些预习和复习作业。如果老师能够根据学生的需要事先录制一些“微课”帮助学生预习或复习，也能够提高学生的自学效果。当然，用于预习的视频要区别于教师讲课的视频，不然又变成了“先教后练”的接受性学习。

总之，对于慕课、微课这样的新生事物，我们要积极研究和实验，取其所长，避其所短，既不能盲目追风，轻易“翻转课堂”，又不能一概排斥，忽视现代化手段带来的积极作用。

二　如何设计好适合学生自主学习的微课程

部分一线教师在刚刚开始学习微课程制作的时候，往往把微课设计成了小课件，没有掌握学生究竟需要什么样的微课程。这反映了大部分教师已经形成了长期以讲授为主的“计算机辅助教学”的思维定式。因此，学习运用微课程的过程，其实是教师转变教学理念、掌握信息时代新的教学方式和教学策略的过程。在这个转变过程中，教师首先自己要学会微课程设计制作的方法。根据众多一线教师微课程教学设计的经验，我们总结出关于微课程设计的17条建议：

1. 时刻谨记你的微课程用户是学生。
2. 一个微课程只说一个知识点。
3. 尽量控制在10分钟以内。
4. 不要轻易跳过教学步骤，即使很简单、很容易的内容。
5. 要给学生提供提示性信息（例如：用颜色线标识，屏幕侧边列出关键词，用符号图形标注等）。

6. 微课程是整个教学组织中的一个环节，要与其他教学活动环境配合。记住：在微课程中适当位置设置暂停或者后续活动的提示，便于学生浏览微课程时转入相关的学习活动，让学生在学习单的统一调度下学习微课程。

7. 微课程应有恰当的提问，问题的设计要恰当安排基本问题、单元问题和核心问题，灵活使用多样化的提问策略促进学生思考。

8. 每一个微课程结束时要有一个简短的总结，概括要点，帮助学习者梳理思路，强调重点和难点。

9. 对一些重要的基本概念，要说清楚是什么，还要说清楚不是什么，让学生明确基本概念和原理；对于关键技能的教学，要清楚地说明应该如何做，不应该怎么做。

10. 用字幕方式补充微课程不容易说清楚的部分，注意：只需呈现关键词语，不必像电视剧一样将所有的台词都打出字幕，这会增加学生的阅读认知负荷。

11. 教师要培养学生养成良好的自主学习的习惯，例如，要根据学习单的指导来看视频，看完视频以后要回到学习单来讨论、练习；要告诉学生使用微课程的技巧，例如，遇到没有听懂的地方可以暂停并重听。

12. 在学习单上将微课程和相关的资源与活动超链接起来，方便学生在学习单的统一调度下跳转学习。

13. 一门课程开始的时候，要清楚地介绍课程的评价方法和考试方式，引导学生根据教学目标学习。

14. 开始时，要介绍主讲教师本人的情况，让学生了解教师。

15. 注意研究借鉴可汗在讲与你类似的课程时所采用的教学方法。

16. 留心学习其他领域的设计经验，注意借鉴、模仿与创造，例如，从电影、电视、广告等大众媒体中找到可以借鉴的创意。

17. 有关微课程制作的操作技术细节：鼠标不要在屏幕上乱晃；字体和背景的颜色要搭配好；讲解课程时，鼠标在屏幕上的速度不要太快；画面要简洁，与教学内容无关的图标、背景、教师人头像等，都要删除；录制视频的环境要安静，不要有噪音。

第二章

中职微课、慕课设计基础

微课、慕课是一个新出现的教学形式，虽然在国外流行，国内也在使用，但当前只是部分大学、部分课程、部分内容在使用，并没有全面铺开，只是作为当前教学的补充形式。对于目前的中职学校来说，学生群体较为特殊，专业特征明显，要想开发好中职微课、慕课必须了解中职学生的特点、课程设置、制作流程及视频制作编辑方法。

第一节　中职学生特点

从少年到青年初期的中职阶段，被人赞叹为“青春年华”，那是个无忧无虑的阶段。但是人们也有另一种看法，认为青年期面临着心理发展的狂风暴雨，是一个危险期和困难期。正如教育家杜威说的：“十几岁的阶段是人生根本上左右为难的阶段，他们要生长，要成熟，还要安全。”中等职业学校学生是高中阶段教育一个比较特殊的群体，学生多数来自中小城市或县乡一级的地区，家庭收入较少，生活水平较低，相当一部分学生长期处于留守状态，因而与普通高中学生相比较，学生具有自身独特的特点。

一、　中职学生的心理特点

中职学生，是指正在接受中等职业技术教育的学生，其年龄一般在十五六岁至十七八岁之间。从大多数的心理学观点来看，他们属于青年初期，是学生身心发展最迅速、最旺盛、最关键的时期，也是各年龄发展阶段的最佳时期，又称为人生的黄金时代。由于中职阶段心理发展的优势和各种矛盾的相互影响、相互作用，形成了中职生的心理特点：

1. 在智能方面，中职生的思维能力发展很迅速。主要表现在推理能力已达到成熟水平，但辨证推理尚未完全成熟。由于经验不足，他们往往变为有成见与不客观的思考者，喜欢与人作不成熟的辩论，对各种抽象的原则如公平、正义、牺牲、忠心等常做出不成熟的批判。

2. 在自我意识方面，水平有多方面提高。如自我评价水平，开始越来越多地从具体评价转向抽象评价。初中时能注意到自己的躯体发育状况或某些行为特点，到中职阶段更多的寻找自己的个性特征。有些学生不仅不断改善自己的身体素质，还注意自己心理素质的完善。

3. 在情绪方面，明显不同于儿童期的外露、易变、冲动、肤浅这些特点。常处于一种无名的烦恼中，情绪常激动，不能理智的控制。由各种不适应造成的内在紧张状态，引起各不相同的行为。此时女学生常爱哭泣，男学生常表示忧郁的沉默、冷淡、顶牛、暴怒，故意损毁东西，歇斯底里地哭泣、沮丧等。此时的中职生的行为都伴有情绪色彩，他们自己的思想、文字和行动都有一种情绪的基础，并以为别人的态度或行动也有情绪的意义。他们渴望得到别人的认可、赞许，他们实在很希望受人注意，但却表示着躲避或憎恨别人的注意，似乎不屑一顾，故意装出对别人的注意漠不关心的样子，因为他们害怕所期望的注意不能实现。

4. 在精神需求方面，中职生开始向高层次发展，各项课外兴趣爱好很少单纯地作为游戏、闲玩，而是有目的地追求，由直接兴趣向间接兴趣过渡。如阅读方面，对科技书、哲理书、修养书则有了兴趣，他们也意识到自己对家庭、社会今后负有的责任，能理解和领会一些学习活动本身的社会价值。

5. 在社会行为方面，亲子关系逐渐松懈。其所接触的社会，由家庭发展到较大的社会方面去，此时他们对家庭生活渐感单调，父母的约束也失去效力，在价值观上与父辈出现不同的认识（代沟）；中职生们常常愿意参加一两个兴趣相投的团体，如择友得当，可养成各种社会品格，反之就非常危险。有些过度受保护的学生，他们渴望独立自主，有时急于谋求独立自主，甚至对忠告公然反抗，或采取极端的行为。中职生对同性朋友，能互诉衷肠，毫不保留，这些忠信的交换、友情的安慰非常有益；对于异性交往发生兴趣，也是正常的。在此时期，女学生特别注意自己的外貌与形态，并表示温柔、懦弱、胆怯，变得特别女性化；男学生则呈现男性化，表示着他们的勇敢、有力与刚毅。男女双方对浪漫的谈话、文学电影特别感兴趣，他们都设法去追求异性朋友，并做着未来家庭生活的美梦。

除上述的共同特点之外，中职学生作为一个特殊的青年群体，还具有以下几个独特的心理特点。（1）中职学生的智力发展通常比较好，不存在智力低的问题。吴福元用韦克斯勒成人智力量表（WAIS-RC）对中职学生进行了一项智力调查，结果发现中职学生的平均智商为116.08，属于中上智力或高智力水平。已故心理学家朱智贤主持的一项国家重点研究课题“中国儿童青少年心理发展与教育”的研究结果也证实了这一点。（2）考试焦虑是影响中职学生心理健康的普遍性问题。所谓考试焦虑，是指与入学考试、智能测验、学业测验等相关的焦虑，它是一种急性焦虑。考试焦虑在中职学生中普遍存在，并时常危害着中职学生的心理健康。（3）中职学生的价值准则倾向于理想化。根据笔者的研究，中职学生的价值准则类型以接受式为主，即价值准则的经验内容主要由间接经验支持，而较少直接经验。这种价值准则具有明显的离散特征，当他们被个体调用来进行社会行为判断时，当事者会表现出明显的苛求现象或理想化倾向。这一观点同科尔伯格的道德发展阶段说是一致的，并得到了一些实验研究结果的支持。（4）自卑感强。由于初中阶段学业上的反复失败，备受歧视，自卑感强，对学校、对社会充满冷漠、仇视。

二、 中职学生所面临的心理矛盾

中职学生心理发展正在迅速走向成熟，而又未达到真正的成熟，既存在积极面，又存在消极面，因而在心理发展过程中，矛盾和冲突是在所难免的。中职学生所面临的心理冲突主要有以下几种类型：

（一）独立性和依赖性的矛盾：随着自我意识的增强，特别是离开家庭、进入了拥有一定社会气氛的中职校园之后，中职学生的成人感迅速增强。他们渴望走向独立生活，强烈要求社会承认他们的成人资格，自信心、自尊心、独立意识都有很大提高。同时，中职校园环境也比以往自己的生活环境赋予个人更多的独立与自由空间。然而由于各种主客观因素的限制，中职学生往往有要求独立的想法而没有独立的行动。他们尚无法完全依靠自己的力量来处理好一系列复杂的实际问题，仍处于一靠家庭、二靠学校的状况。这种状况的产生主要是他们经济上的非独立性造成的。同时，我国的家庭文化传统也习惯于给尚未工作的中职学生以周全的呵护。因此，在中职学生身上，一方面有着强烈的独立意识，另一方面又有着显著的依赖行为。这种依赖性与迅速发展的独立性之间，产生了一种现实的矛盾冲突。

（二）理想性与现实性的矛盾：每一个成长着的年轻人都会有自己的理想。中职生想象丰富，对未来充满憧憬，但由于认知方面的原因和社会经验的不足，往往无法理解、对待现实社会的落后面和现实自我的挫折。由此而可能引发出许多心理上、情感上的苦恼。具体而言，理想与现实的冲突主要表现在以下三个方面：1. 在学习上对自己成绩的期望与自己实际情况的冲突，这种冲突在中职学生中是相当普遍的。2. 在职业选择方面，理想与现实的冲突可能更严峻、更突出。如果这种冲突得不到妥善解决，对个体的影响将是长期的。不仅对心理健康有害，对其社会适应和事业都会产生不良影响。3. 理想与现实的冲突还表现为对自己的行为过分苛求，即个体所追求的“理想”是常人难以达到的，因而个体常常会因为自己的行为达不到要求而感到内疚。这种过分苛求的理想与现实之间的尖锐冲突，往往会使个体陷入极大的困境中。应该看到，中职学生感受到一定程度的现实与理想之间的差距，这种现象是健康的、正常的。现实与理想的差距感虽然给中职学生带来苦恼和冲突，但也正是这种差距，才能唤起他们自我奋进的精神。

（三）闭锁性和交往需要的矛盾：闭锁性是中职生最显著的心理特点，心中的秘密，不愿意随意袒露。但另一方面，他们又有强烈的交往要求和企望得到别人理解的愿望。

（四）性成熟与性心理的矛盾：从生理角度来看，中职生的性机能已逐渐成熟，但性心理的发展尚未达到同步成熟的程度。往往由于早恋等问题，造成失态、失志、失足等现象。

（五）求知欲强与鉴别能力低的矛盾：中职生处于智能发展的黄金时代，有强烈的认知需要，他们对一切都感到新鲜，都能引起探索的强烈兴趣。但由于中职生的社会成熟度低，认知结构和思想方法简单，对真伪、美丑、精华糟粕的分辨能力较差，容易兼收并蓄。

（六）情绪冲突：情绪冲突是中职学生心理冲突的最重要的表现形式，上述几种冲突都可表现为情绪冲突。从生理角度看，青春期高级神经系统的兴奋与抑制活动占有优势。从心理角度看，进入中职后，社会角色的变更引起了诸多的心理矛盾，而中职学生的社会经验及认识水平尚未达到真正能独立、正确地调节自身行为的程度，这就使得他们独立支配自己行为的强烈要求与其行为的结果相悖，从而产生内心痛苦和不安。从社会角度看，当前社会的变革也对中职学生情绪有很大影响。在各种社会价值取向面前，中职学生可能会对自己以往的价值观产生怀疑，而导致迷茫和消沉。同时，青年期的情绪又是极为丰富而不稳定的，因而各种矛盾冲突都可能在情绪冲突中得到多种多样的反映。

三、 中职学生的学习特点

（一）中职学生在学习中存在的问题

1. 基础太薄弱。这个问题是多年来逐渐形成的，在20世纪90年代，高考难度大，读上重点高中最终也很难考上大学，因此在初中毕业的时候，就会有部分基础好的学生会选择考取中专，而现在随着高考扩招的逐步推进，考上大学不再是难事，而家长又多数有能力负担孩子的大学读书费用，所以，成绩稍微好一点的孩子，宁愿进高中，也不会来到中职学校读书，这样就使得现在的中职学校招收的学生文化基础很差，尤其是数学。数学这门学科是锻炼逻辑思维能力的，在今后的学习中，不管是什么科都经常要运用这方面的能力，这样直接影响了学生将来的学习。因此由于传统观念的影响，现在中职学生的就业虽然出现了回暖，但是，中职学校能够招收到的学生文化素质还是依然很薄弱。

2. 缺乏学习兴趣。正由于基础差，从小到大多数都是从初中或者高小开始，中职学校学生在学习上的挫败感非常强烈，在这一次又一次的失败中，由于没有正确的引导，甚至还受到一些不良思想的影响，学生渐渐地丧失了学习的兴趣，很多学生之所以坐在教室里，都不是因为自己想要来到学校，或是喜爱这个专业，多数都是家长要求孩子来学校，甚至有一些极端的例子，孩子来学校读书家长是付工资的，这个钱是除了学杂费、生活费等之外的额外的一笔收入。也就是说，包括家长在内，有极少数学生抱着混日子的心态进入到了中职学校的生活环境中。没有学习的兴趣，后面的学习就成了难题。教师在教学中调动学生的积极性也变得很难。

3. 目标不明确，没有进取心。进入校门，不是为了学习，或者不知道自己怎么该学习，这个心态在中职学生中普遍存在，有些学生读中职，是不想太早就业，有些呢，则是觉得在家里自己一个人也不好玩，因此，要是你想学生来学校是很容易的，但是想他真的学到一点知识却是有难度的，因为，他们中间有部分人有没有任何学习目标，就更别说什么进取心了。

4. 没有良好的学习习惯和学习方法。学习知识不光是需要聪明的头脑，在教学中，我发现，有很多孩子都是相当的聪明，脑子很灵活，但是为什么聪明却成绩不好，根据一些观察发现，智商超常儿如果没有正确的引导，同样也会学习很一般，而他们又需要专门的人来引导，这样就说明智商在学习中所起的作用不到30%，更多地需要后天的努力，而这个后大的努力，重要的两个环节就有学习习惯和学习方法，良好的学习习惯和学习方法能够让学习事半功倍，比如说，课前预习，找到自己不懂的地方，到了上课的时候再重点听老师讲的这部分内容，课后可以再请教老师，然后自己再复习。这些最基本的学习方法，我们的学生没有几个懂。从来都是直接听课，从头听到尾，最后听得头昏脑涨，非重点的，好笑的就记住了，重点的枯燥的就和没有听过一样。而学习习惯角度上来说，拿学习英语来讲，这个是我们学生也比较头痛的问题，其实，只要每天拿出半个小时来朗读，一年以后，就会有很明显的进步，但我们的学生一听到要这么久，立马就打了退堂鼓。

5. 学习的自制力差。虽然在布置作业的时候，经常会布置让学生预习下节课要学习的内容，但很少有学生真正去完成，课余的时间学生宁愿选择发呆，都不会去看一下书本，偶尔拿起课本看书的也是一边玩一边看，这样看书的效果可想而知，而且在自己学习的过程中，很少做到专心致志，学习效率低下，自然导致学习成绩不佳，而这个时候，学生会很快地得出自己不是学习材料这个结论，马上放弃学习。有些需要长期坚持学习的科目，非要老师不断督促和做思想工作，才能坚持。

6. 学习无压力不努力。现在的中职学生多数没有学习的压力，中国社会的迅速发展，人民生活水平也越来越高，而东莞大部分家庭都达到了小康水平，现在的学生已经没有生活压力，学费对于家庭而言也不是负担很重，学生上学也没有承担过重的压力，再加上现在社会崇尚以收入高低和职位高低来判断一个人的成就，而这些又没有和学历挂上钩，学习对他们来讲可以说是可有可无，更别说会有什么学习压力了。将来就业获得收入在这些学生看来和自己现在读书似乎没有什么联系，就更加没有什么动力了，因此，不努力的中职学生占了很大一部分。从整个学校来讲，学风并不会很强。虽然他们也是学生，但似乎主要目的反而不是学习。

（二）中职学生在学习中的优点

1. 喜欢接触新鲜事物，有较强的好奇心和求知欲。中职学校的生源主要来自初中毕业没能考取普通高中的学生，这些学生虽然在学科学习方面落后于整体水平，但他们对自己的未来仍有较好的愿景，希望通过学习改变自己的现状，有较强的好奇心和求知欲，喜欢接触新鲜事物，增长自身才能。

2. 动手能力强，乐于实践。在应用型技能人才的培养目标中，明确要求学生要有很强的动手意识，在掌握适度的理论基础知识和系统的学科专业知识的基础之上，加强专业基础理论操作实践教学环节。这些要求符合中职学生的学习特点，他们喜欢在真实的实践环境下学习，有很强的动手能力。

3. 可塑性强。中职生虽已养成了一部分不良习惯，但其正处于少年到青年期的初期阶段，性格、习惯、品行并未定型，处于改变期，有很强的可塑性，只要坚持，良好的学习习惯和有效的学习方法就会形成。

4. 对感兴趣的事物爱思考。中职生并不是对任何事情都不在乎，没有上进心，只是面对不感兴趣的事物时懒得去思考，但如果他对某一件事情非常感兴趣，常常不用他人逼迫就会积极地去思考，对于自己所喜欢的书或游戏等常常记得很牢，感兴趣或关心的东西也不会忘记。

5. 有责任心。大部分中职学生都有较强的自我意识，当自己碰到任何困难的时候，会激励自己坚持下去，能很好地融入班集体，帮助同学和朋友，尊敬师长，做到体谅他人，关心集体，有较强的责任心。

在课程设置、课程设计、学生管理等方面，中等职业学校教师均要充分考虑学生特点，坚持“以人为本，以德育人，学生至上，一切为了学生，为了学生的一切”的教学观念，要以身作则、言传身教、为人师表，用关爱帮助学生构筑信心，寓德育教育于教学之中。

第二节　中职公共基础课程分析

一、　中职公共基础课的功能定位

职业教育的重要功能是服务功能，即直接为社会和经济发展服务。作为与经济联系最为密切的教育形态，中等职业教育要直接为人才市场培养中初级技术人才及应用人才。教育部明确指出：“中等职业教育是高中阶段教育的重要组成部分，其课程设置分为公共基础课程和专业技能课程两类。公共基础课程包括德育课、文化课、体育与健康课、艺术课及其他选修公共课程。其任务是引导学生树立正确的世界观、人生观和价值观，提高学生思想政治素质、职业道德水平和科学文化素养；为专业知识的学习和职业技能的培养奠定基础，满足学生职业生涯发展的需要，促进终身学习。”这足以说明公共基础课程的功能和地位是其他专业技能课程所不能替代的，作为中等职业学校应当开齐、开好公共基础课程。

公共基础课是中等职业学校课程的重要组成部分，是提高学生全面素质和综合职业能力的重要保证。针对生源素质偏低的现状，中等职业学校公共基础课程的功能，应立足于“以能力为基础，以就业为导向”，“低难度，高能级”，定位于为学生树立正确的人生观、价值观和全面的素质培养服务，为专业能力的学习和岗位需要以及持续发展服务，为学生的终身教育发展需要服务。

（一）为学生树立正确的人生观、价值观和全面的素质培养服务

人生观是人们对人生目的和人生意义的根本看法和态度。人生观决定一个人做人的标准，是把握人生方向、抉择人生道路的指南。价值观是支撑人类生活的精神支柱，它决定着人类行为的取向，决定着人们以什么样的心态和旨意去开创自己的新生活，因而它对于人类的生活具有根本性的导引意义。

当前，由于社会因素的复杂多变和多元化价值的存在，加之近几年来中等职业学校求学的学生，多是被高中学校筛选下来的，走进职业学校，对许多学生来说，只是不得已的选择。许多职业学校的学生，没有对生活意义的坚定信念，随波逐流，厌学、颓废等不良情绪滋生蔓延。由于缺乏精神支撑，学生的心理承受能力十分脆弱，打架斗殴，早恋，沉迷网络等现象比比皆是。

针对学生的现状，作为公共基础课教师，该如何通过教学活动帮助学生逐步树立正确的人生观、价值观，为学生全面的素质培养奠定基础呢？具体说来，可从以下两方面入手：

1. 发挥基础课教学的优势

在基础课教学过程中，教师不是用简单的说教，而是要充分发挥基础课教学的优势，以各种学生喜闻乐见的形式（如：模拟职业案例，戏剧小品排演等），使学生真切感受到“天生其人必有才，天生其才必有用”。在提高学生的科学文化素质和身心素质的同时，指导学生用积极的情感战胜消极的情感，用科学的态度去克服消极的态度，从而建立起相对稳定的价值观念的支撑，在变动不定的世界寻求到一个相对安定的精神家园。

2. 发挥表现性评价的优势

在基础课教学过程中，教师通过对学生在学习活动中表现出来的参与意识、合作精神、探究能力、分析问题的思路、知识掌握水平等建立评价体系，让学生清楚地知道自己每一步付出的收获。在此过程中，教师给予学生个体充分的尊重、理解、关心与信任，营造愉快活泼、和谐协作、积极向上的教育气氛，使学生“亲其师”而“信其道”。教师发自内心的尊重和激励，才能促使学生逐步形成积极健康的心态和良好的行为习惯，帮助学生树立起正确的人生观、价值观。

（二）为学生专业能力的学习和岗位需要以及持续发展服务

中等职业学校学生未来的工作过程，是在特定的职业载体中进行的，这个过程不仅包含职业内部不同个体之间的人群关系，而且包含不同职业之间的人群关系。这就意味着，学生未来的工作过程不仅是一个操作过程，首先是一个社会过程。职业学校的公共基础课，不仅要让学生具备团队合作，工作纪律等观念，更要让学生具备工作组织中多数成员所“必需”的价值观念和社会知识；不但要开发学生的职业能力，更要培养其作为一个社会主体的整体素质。

1. 转换教学观念，以培养学生能力为本位

开发学生的职业能力，首先要对学生未来工作中的社会过程进行分析，分析其中所有可能的社会活动，然后据此开设不同的公共基础课课程。在公共基础课教学上，可采用任务引领模式，教师预先设定职业任务型问题，学生在学习活动中，围绕职业任务开展学习。在教学过程中，教师要转变教学观念，以培养学生能力为本位，而教师的职能则从以前单纯的“授”转换成“导”：通过有计划有目的地引导、指导、诱导、辅导、教导学生，从知识的传授者转换成为一个咨询者、指导者和主持人。

2. 模拟训练，培养学生的整体素质

中等职业学校的学生之所以对学习公共基础课的兴趣不高，究其原

因主要有两个：一是学习意义的缺失，二是未明确角色意识。公共基础课的教学改革，要以满足学生职业需求出发，以满足实际职业能力为主。在基础课教学过程中，教师以全面分析职业角色活动为出发点，以提供产业界和社会对教育对象履行岗位职责所需要的综合能力为基本原则，强调学生在学习过程中的主体地位。在具体实施过程中，所有与职业角色有关的问题，在教师主导下，由学生共同参与，共同讨论，分别承担不同角色；教师通过对学习活动的精心设计，营造新颖的学习环境和学习方式，提供与课题相关的信息资料或学习资料，以职业岗位中完成某项工作任务而进行的相对完整的工作程序为逻辑顺序，按照职业案例的实际需要来组织学科知识，并通过设计职业实践性问题，让学生通过模拟职业情景活动，从中引申出学科知识，引导学生身体力行获取知识及能力，提高学生的整体素质。

（三）为学生的终身教育发展需要服务

在知识经济时代，随着科学技术发展步伐的日益加快，产业结构调整与技术升级，使传统的一次性学校教育已经远远不能适应当今经济建设和社会发展的需要。在产业结构和生产技术都在发生着迅速变化的今天，生产第一线的体能化劳动逐步减少，智能化劳动在不断增加，劳动者终生只从事一项工作的可能性越来越小。1999年4月联合国教科文总干事马约尔在第二届世界技术与职业教育大会上提出“提供终身教育与培训是我们唯一能够用必要的知识与能力武装人民的途径，使他们能够在变化的世界中生存。”因此，中等职业教育不仅要为中职毕业生初次就业奠定“第一桶金”基础，还要培养学生面对未来变化的适应能力，培养学生继续学习的能力。

1. 培养学生面对未来变化的适应能力

在公共基础课教学过程中，教师要树立“以生为本”的教学理念，承认学生的个体性差异，满足学生多样化的需求，尊重学生本身的价值，重视对学生能力的全面发展和精神素质的提升。公共基础课教学的目标，应定位于让学生都要发展，但不求一样的发展，每一位学生都要提高，但不必是同步的提高；每一位学生都要合格，但不必是相同的规格。美国心理学教授加德纳曾经这样描述：每个人都至少具有8项智能，而且大多数人可以使每项智能达到很高的标准，那些暂弱一些的智能，也可能在强项智能的带动下，慢慢被激活，重新变成强项。作为公共基础课教师，要针对每位学生的兴趣，特点和职业生涯规划的需求，建立“人人可成才”的学习环境，通过让学生直接参与教学活动，帮助学生发现自身的特长和优点，并逐步强化特长优点为“潜能”释放点，从而使学生获得充分的、个性化的发展。

2. 培养学生继续学习的能力

在现代社会里，一方面，劳动者终生只从事一项工作的可能性越来越小，另一方面，学生在学校里学到的知识毕竟是有限，他们日后踏上社会，也许还会从事与在校所学专业不同的工作，这都将使他们面临着继续学习、更新知识的问题。公共基础课教师在教学过程中，不仅要教给学生知识，更要教给学生学习的方法。中等职业学校的学生正处于思想心智的重要成型期，可塑性很强。在这个阶段逐渐培养学生拥有较强的学习能力，才能使他们今后在社会上拥有较强的适应能力和竞争能力。在教学过程中，教师要通过言传身教，使学生明确认识到终身教育的重要性和必要性，培养自身的学习能力，使终身教育思想真正在教学中落到实处。

综上所述，公共基础课在中等职业教育中，并不是处于从属地位可有可无的课程，而是对学生的职业能力和未来发展有着重要的作用。在公共基础课改革过程中，不能过分强调素质培养而忽略其为专业课服务的功能，也不能过分强调其为专业服务而忽视对学生整体素质的培养，要坚持“以能力为基础，以就业为导向”的指导思想，把二者有机整合在一起，为培养学生的全面素质和综合职业能力服务。

二、 中职公共基础的教学占比

中等职业学校教学指导方案和教学大纲中指出，公共基础课程学时一般占总学时的三分之一，累计总学时约为一学年。允许不同地区、不同学校、不同专业根据人才培养的实际需要在规定的范围内适当调整，上下浮动，但必须保证学生修完公共基础课程的必修内容和学时。按每学期有18周的教学周计算，公共基础课程的总学时数控制在1200学时以内为宜，具体参考学时如表2–2–1所示。

表2-2-1　中等职业学校公共基础课课程说明

序号	课程名称	课程性质与任务	课程教学目标	参考学时
1	职业生涯规划	职业生涯规划是中等职业学校学生必修的一门德育课。本课程以邓小平理论、“三个代表”重要思想为指导，贯彻落实科学发展观，对学生进行职业生涯教育和职业理想教育。其任务是引导学生树立正确的职业观念和职业理想，学会根据社会需要和自身特点进行职业生涯规划，并以此规范和调整自己的行为，为顺利就业、创业创造条件	使学生掌握职业生涯规划的基础知识和常用方法，树立正确的职业理想和职业观、择业观、创业观以及成才观，形成职业生涯规划的能力，增强提高职业素质和职业能力的自觉性，做好适应社会、融入社会和就业、创业的准备	36
2	哲学与人生	哲学与人生是中等职业学校学生必修的一门德育课程。本课程以邓小平理论和“三个代表”重要思想为指导，深入贯彻落实科学发展观，对学生进行马克思主义哲学基本观点和方法及如何做人的教育。其任务是帮助学生学习运用辩证唯物主义和历史唯物主义的观点和方法，正确看待自然、社会的发展，正确认识和处理人生发展中的基本问题，树立和追求崇高理想，逐步形成正确的世界观、人生观和价值观	使学生了解马克思主义哲学中与人生发展关系密切的基础知识，提高学生用马克思主义哲学的基本观点、方法分析和解决人生发展重要问题的能力，引导学生进行正确的价值判断和行为选择，形成积极向上的人生态度，为人生的健康发展奠定思想基础	36

续表

序号	课程名称	课程性质与任务	课程教学目标	参考学时
3	经济政治与社会	经济政治与社会是中等职业学校学生必修的一门德育课。本课程以邓小平理论和“三个代表”重要思想为指导，深入贯彻落实科学发展观，对学生进行马克思主义相关基本观点教育和我国社会主义经济、政治、文化与社会建设常识教育。其任务是使学生认同我国的经济、政治制度，了解所处的文化和社会环境，树立中国特色社会主义共同理想，积极投身我国经济、政治、文化、社会建设	引导学生掌握马克思主义的相关基本观点和我国社会主义经济建设、政治建设、文化建设、社会建设的有关知识；提高思想政治素质，坚定走中国特色社会主义道路的信念；提高辨析社会现象、主动参与社会生活的能力	36
4	职业道德修养与法律基础	职业道德与法律是中等职业学校学生必修的一门德育课程。本课程以邓小平理论和“三个代表”重要思想为指导，深入贯彻落实科学发展观，对学生进行道德教育和法制教育。其任务是提高学生的职业道德素质和法律素质，引导学生树立社会主义荣辱观，增强社会主义法治意识	帮助学生了解文明礼仪的基本要求、职业道德的作用和基本规范，陶冶道德情操，增强职业道德意识，养成职业道德行为习惯；指导学生掌握与日常生活和职业活动密切相关的法律常识，树立法治观念，增强法律意识，成为懂法、守法、用法的公民	36
5	心理健康教育	心理健康是中等职业学校学生选修的一门德育课程。本课程以邓小平理论、“三个代表”重要思想为指导，深入贯彻落实科学发展观，坚持心理和谐的教育理念，对学生进行心理健康的基本知	帮助学生了解心理健康的基本知识，树立心理健康意识，掌握心理调适的方法。指导学生正确处理各种人际关系，学会合作与竞争，培养职业兴趣，提高应对挫折、求职就业、	36

续表

序号	课程名称	课程性质与任务	课程教学目标	参考学时
5	心理健康教育	识、方法和意识的教育。其任务是提高全体学生的心理素质，帮助学生正确认识和处理成长、学习、生活和求职就业中遇到的心理行为问题，促进其身心全面和谐发展	适应社会的能力。正确认识自我，学会有效学习，确立符合自身发展的积极生活目标，培养责任感、义务感和创新精神，养成自信、自律、敬业、乐群的心理品质，提高全体学生的心理健康水平和职业心理素质	
6	语文	语文是最重要的交际工具，是人类文化的重要组成部分。工具性与人文性的统一，是语文课程的基本特点。 语文课程是中等职业学校学生必修的一门公共基础课。本课程的任务是：指导学生正确理解与运用祖国的语言文字，注重基本技能的训练和思维发展，加强语文实践，培养语文的应用能力，为综合职业能力的形成，以及继续学习奠定基础；提高学生的思想道德修养和科学文化素养，弘扬民族优秀文化和吸收人类进步文化，为培养高素质劳动者服务	中等职业学校语文课程要在九年义务教育的基础上，培养学生热爱祖国语言文字的思想感情，使学生进一步提高正确理解与运用祖国语言文字的能力，提高科学文化素养，以适应就业和创业的需要。指导学生学习必需的语文基础知识，掌握日常生活和职业岗位需要的现代文阅读能力、写作能力、口语交际能力，具有初步的文学作品欣赏能力和浅易文言文阅读能力。指导学生掌握基本的语文学习方法，养成自学和运用语文的良好习惯。引导学生重视语言的积累和感悟，接受优秀文化的熏陶，提高思想品德修养和审美情趣，形成良好的个性、健全的人格，促进职业生涯的发展	190

续表

序号	课程名称	课程性质与任务	课程教学目标	参考学时
7	英语	英语是世界通用语言之一，是国际交流的重要工具。 英语课程是中等职业学校学生必修的一门公共基础课。本课程的任务是：使学生掌握一定的英语基础知识和基本技能，培养学生在日常生活和职业场景中的英语应用能力；培养学生的文化意识，提高学生的思想品德修养和文化素养；为学生的职业生涯、继续学习和终身发展奠定基础	中等职业学校英语课程要在九年义务教育基础上，帮助学生进一步学习英语基础知识，培养听、说、读、写等语言技能，初步形成职场英语的应用能力；激发和培养学生学习英语的兴趣，提高学生学习的自信心，帮助学生掌握学习策略，养成良好的学习习惯，提高自主学习能力；引导学生了解、认识中西方文化差异，培养正确的情感、态度和价值观	190
8	数学	数学是研究空间形式和数量关系的科学，是科学和技术的基础，是人类文化的重要组成部分。 数学课程是中等职业学校学生必修的一门公共基础课。本课程的任务是：使学生掌握必要的数学基础知识，具备必需的相关技能与能力，为学习专业知识、掌握职业技能、继续学习和终身发展奠定基础	1. 在九年义务教育基础上，使学生进一步学习并掌握职业岗位和生活中所必要的数学基础知识 2. 培养学生的计算技能、计算工具使用技能和数据处理技能，培养学生的观察能力、空间想象能力、分析与解决问题能力和数学思维能力 3. 引导学生逐步养成良好的学习习惯、实践意识、创新意识和实事求是的科学态度，提高学生就业能力与创业能力	190

续表

序号	课程名称	课程性质与任务	课程教学目标	参考学时
9	物理	物理是研究物质运动最一般规律和物质基本结构的科学，是其他自然科学和当代技术发展的重要基础。 物理课程是中等职业学校学生选修的一门公共基础课，是机械建筑类、电工电子类、化工农医类等相关专业的限定选修课。本课程的任务是：使学生掌握必要的物理基础知识和基本技能，激发学生探索自然、理解自然的兴趣，增强学生的创新意识和实践能力；使学生认识物理对科技进步，对文化、经济和社会发展的影响，帮助学生适应现代生产和现代生活；提高学生的科学文化素质和综合职业能力，帮助学生形成正确的世界观、人生观和价值观	1. 在九年义务教育的基础上，使学生进一步学习和掌握本课程的基础知识，了解物质结构、相互作用和运动的一些基本概念和规律，了解物理的基本观点和思想方法 2. 培养和提高学生的观察能力、实验能力、思维能力、分析和解决问题的能力、自我发展和获取知识的能力 3. 对学生进行科学思想、科学精神、科学方法和科学态度的教育，提高学生的科学素养。结合教学内容，对学生进行辩证唯物主义和爱国主义教育，激发和培养学生的创新意识与创新精神 4. 为学生相关专业课程学习与综合职业能力培养服务；为学生职业生涯发展和终身学习服务；为学生学习现代科学技术，从事社会主义建设工作打下必要的基础	72
10	化学	化学是人类探索物质的组成、结构、性质及其变化规律的一门科学。化学的基础知识、研究方法及分析测试技术，不仅为化学科学本身的发展奠定了重要的基础，而且在其他自然科学和技术	1. 在九年义务教育的基础上，指导学生进一步学习化学基础知识，了解物质的组成、结构、性质及其变化规律，为相关专业后续课程的学习奠定基础 2. 指导学生能综合运用所	72

续表

序号	课程名称	课程性质与任务	课程教学目标	参考学时
10	化学	领域中发挥着重要的作用。化学课程是中等职业学校学生选修的一门公共基础课，是医药卫生类、农林牧渔类、加工制造类等相关专业的限定选修课。本课程的任务是：使学生认识和了解与化学有关的自然现象和物质变化规律，帮助学生获得生产、生活所需的化学基础知识、基本技能和基本方法，养成严谨求实的科学态度，提高学生的科学素养和综合职业能力，为其职业生涯发展和终身学习奠定基础	学的化学知识、技能和方法，分析和解决与化学有关的问题，感受化学与人类生产、生活之间的联系，逐步树立环保意识和安全意识 3. 指导学生用科学方法观察、认识生产、生活中与化学有关的各种自然现象和物质的变化，并学会用化学语言进行记录和表述 4. 指导学生学习化学实验的基础知识、基本技能和实验探究的基本方法，提高实践能力，养成严谨求实的科学态度和协作互助的工作作风 5. 培养学生运用观察、实验和查阅资料等多种手段获取信息和对信息进行加工的能力 6. 培养学生的敬业精神、创新精神和爱国主义情操，帮助其形成辩证唯物主义世界观	72
11	体育与健康	体育与健康课程是以身体练习为主要手段，有机整合体育与健康教育两门学科中相关的内容、方法、原理，以促进学生体质与健康发展为主要目标的综合类课程，是实施素质教育和培养德智体美全面发展的高素质劳动者	1. 运动参与。认真上好体育课，在没有体育课的当天，应按学校安排进行1小时的课外体育锻炼。自觉与同伴组成小组进行课外体育锻炼和运动竞赛。学会制定和实施简单的个人锻炼计划。具备选择利于	160

续表

序号	课程名称	课程性质与任务	课程教学目标	参考学时
11	体育与健康	和技能型人才不可缺少的重要途径。 体育与健康课程是中等职业学校学生必修的一门公共基础课。本课程的任务是：树立“健康第一”的指导思想，传授体育与健康的基本文化知识、体育技能和方法，通过科学指导和安排体育锻炼过程，培养学生的健康人格、增强体能素质、提高综合职业能力，养成终身从事体育锻炼的意识、能力与习惯，提高生活质量，为全面促进学生身体健康、心理健康和社会适应能力服务	提高职业素质运动项目的意识、自我评价体育锻炼效果的能力 2. 增强体能。按照《国家学生体质健康标准》（以下简称《标准》）的要求，努力提高以耐力、力量和速度为主的体能素质水平，积极参与国家、地方及学校组织开展的“全国亿万学生阳光体育运动”等各类体育活动 3. 体育技能。基本掌握两项以上体育技能，不断提高运动能力。形成自己的运动爱好和专长，有能力参加班级、校际和更高级别的体育运动比赛 4. 身体健康。了解一般疾病的传播途径和预防措施。懂得营养、环境和生活方式对身体健康的影响，逐步养成健康向上的良好生活方式。具有改善与保护身体健康的意识，能有针对性地选择适合自我健康状况的科学健身手段，特别是有氧健身手段，学会用养生保健的方法改善身体健康。对所从事的体育活动可能发生的伤害有初步认识，有意识控制和回避不规范动作的产生，懂得紧急处置运动	160

续表

序号	课程名称	课程性质与任务	课程教学目标	参考学时
11	体育与健康		创伤的简单方法 5. 心理健康。了解与体育有关的青春期心理卫生知识，认识青春期性心理的变化规律。具有良好的情绪和自控能力，通过体育锻炼培养坚强的意志、提高抗挫折能力和乐观向上的精神品质、缓解性格差异导致的心理冲突。通过运动竞赛中的胜与负，领悟积极进取对形成稳定心理状态的重要意义。能有意识通过轻松、休闲的体育活动，缓解学习紧张带来的心理压力 6. 社会适应。参与集体性的体育活动，学会与同伴和谐相处，培养良好的人际关系和合作精神。能主动关心与帮助同伴，共同完成体育锻炼过程，培养“竞争、团结、友谊与合作”的精神，提高社会责任感和协调沟通能力 7. 职业素质。根据未来职业工作的特点，学习与职业相关的健康保健知识，提高防范职业病的意识和能力，选择有助于防治职业病的体育手段进行锻炼。学习与职业生涯相关的体育运动项目，认识体育对提高就业和创业能力的价值，提高自己的综合职业素质	160

续表

序号	课程名称	课程性质与任务	课程教学目标	参考学时
12	公共艺术课程	公共艺术课程是以学生参与艺术学习、赏析艺术作品、实践艺术活动为主要方法和手段，融合多种艺术门类和专业艺术特色的综合性课程，是中等职业学校实施美育、培养高素质技术技能人才的重要途径，是素质教育不可或缺的重要内容。 公共艺术课程是中等职业学校学生必修的一门公共基础课。本课程的任务是：通过艺术作品赏析和艺术实践活动，使学生了解或掌握不同艺术门类的基本知识、技能和原理，引导学生树立正确的世界观、人生观和价值观，增强文化自觉与文化自信，丰富学生人文素养与精神世界，培养学生艺术欣赏能力，提高学生文化品位和审美素质，培育学生职业素养、创新能力与合作意识	1. 使学生了解不同艺术类型的表现形式、审美特征和相互之间的联系与区别，培养学生艺术鉴赏兴趣 2. 使学生掌握欣赏艺术作品和创作艺术作品的基本方法，学会运用有关的基本知识、技能与原理，提高学生艺术鉴赏能力 3. 增强学生对艺术的理解与分析评判的能力，开发学生创造潜能，提高学生综合素养，培养学生提高生活品质的意识	72
13	计算机应用基础	计算机应用基础课程是中等职业学校学生必修的一门公共基础课。本课程的任务是：使学生掌握必备的计算机应用基础知识和基本技能，培养学生应用计算机解决工作与生活中实际问题的能力；使学生初步具有应用计算机学习的能力，为其职业生涯发展和终身学习奠定基础；提升学生的信息素	1. 使学生进一步了解、掌握计算机应用基础知识，提高学生计算机基本操作、办公应用、网络应用、多媒体技术应用等方面的技能，使学生初步具有利用计算机解决学习、工作、生活中常见问题的能力 2. 使学生能够根据职业需求运用计算机，体验利用	72

续表

序号	课程名称	课程性质与任务	课程教学目标	参考学时
13	计算机应用基础	养，使学生了解并遵守相关法律法规、信息道德及信息安全准则，培养学生成为信息社会的合格公民	计算机技术获取信息、处理信息、分析信息、发布信息的过程，逐渐养成独立思考、主动探究的学习方法，培养严谨的科学态度和团队协作意识。 3．使学生树立知识产权意识，了解并能够遵守社会公共道德规范和相关法律法规，自觉抵制不良信息，依法进行信息技术活动	72
合计				1162

第三节 中职慕课微课制作的基本要求

一、 讲授人的要求

1. 语言要准确，简明

语言的准确简明是教学基本功的一个重要方面，而在慕课慕课微课中由于受时间的限制，语言的准确简明显得更为突出重要。它并不是语速的快捷；相反，它就如盛夏美丽的涧泉，流淌中有舒缓和急，表现为抑扬顿挫，口齿清晰，干净利落。尽管这在于日常的训练，但在备课的过程中，把自己将要讲述的内容结合要说的话语，以及将要采用的表达方式、手势、表情，其中要注意关键字、关键词的应用，能在自己的思想中过一遍，这是很有必要的，其实这也是平时的训练方法。在语言要求生动，富有感染力的同时，更要求做到准确，逻辑性强，简单明了。

2. 板书要精简清晰

板书的作用是展示授课人讲述内容的要点，帮助听课人掌握所听内容的要点。好的板书犹如一幅精致明丽的山水画。板书不宜太多，太多表现为累赘，会冲淡板书对内容要点的提示作用；也不宜太少，太少往往会使板书表达不清。在慕课微课中，部分板书可以提前准备到纸板上，以挂图的形式在授课的过程中展示在恰当的位置，这样可以节省时间。无论如何，板书都要做到精简，且使得要点突出，线索清晰为原则。同时以电教手段呈现为最佳。

总而言之，上好一节慕课微课，需要把握微型的特点，弄清慕课微课与传统课程的区别，加上标准的语音、得体的教态、漂亮的板书、对教材的准确把握、对教法的恰当选用等，就能上好一节慕课微课。

二、　慕课微课的基本要求

1. 切入课题要直接

由于慕课微课要求的时间短，更不允许在导入环节“绕圈子”“摆排场”，必须要求切入课题要迅速，所以对切入课题的方法大有必要作些文章。可以设置一个题目引入课题；可以从以前的基本内容引入课题；可以从生活现象、实际问题引入课题；也可以开门见山进入课题，或设置一个疑问、悬念等进入课题。切入题目的方法是灵活的，切入题目的途径是多样的，但不管采用哪种方法，哪个途径，都要求引人注目，力求新颖的同时，更要求与题目的关联紧凑，迅速切题，这是进入课题的一个必须遵循的原则，因为我们要把较多的时间分配给内容的讲授。以上主要是讲“切入课题要快速”。

2. 讲授线索要明亮醒目

尽管说所有的课都要求讲授线索的清晰醒目，但在慕课微课的讲授中，更要求尽可能的只有一条线索。在这一条线索上突出重点内容，显露出来的是内容的主干，剪掉的是可有可无的举例、证明这些侧枝旁叶。为了讲授重点内容，往往需要罗列论据，那么虑，在准备的较多的论据中进行精选，力求论据的充分，准确，不会引发新的疑问。

3. 收尾要快捷

一节课的小结是必不可少的，它是内容要点的归纳、指出和强调，目的使得讲授内容的进一步突出。好的总结可以对讲授的内容起到提纲挈领的作用，可以加深学生所学内容的印象，减轻学生的记忆负担；好的总结往往给一节优质课起到画龙点睛的作用，可以使一节课上升到一个新的档次，给人一种舒坦的感觉，使人回味无穷。在慕课微课的小结中，因为前面的重点内容的讲授占用了较多的时间，此处的要求必须是在完全总结内容的同时更要求总结方法的快捷，表现为干脆利落。在罗列论据时就要求精而简。

第四节 中职慕课微课的制作方法

中职微课、慕课制作的流程一般为：选题→学前分析→课程设计→拍摄→后期编辑→审核校正→课程推广使用。以上流程在中职慕课微课制作过程中，大致可分为前期准备、视频录制、后期编辑三个阶段，本节将就此谈一谈如何通过这三个阶段制作高质量、好效果的中职慕课微课。

一、 中职微课、慕课制作的前期准备

“凡事预则立，不预则废。” 在学校决定制作慕课到实际录制期间需要做很多的工作，前期的准备是必不可少的，包括：课程的选定、课程的规划、知识点设计、课程设计、制作拍摄提纲和拍摄脚本、PPT课件制作加工、录课室录制。

（一）选题

1. 中职微课的选题是微课制作最关键的一环，良好的选题可以事半功倍，便于讲解和录制，不好的选题使得微课变得平凡乃至平庸。选题应侧重教学中的重点难点、适合用多媒体表达。一节微课一般讲授一个知识点，对于这个知识点的选择，关乎知识结构的设计，对于教学中的重点难点用来制作微课，是一个较好的选择，较为符合微课制作的初衷——教学资源分享，为学生（教师）解惑，启发教学。微课作为一种媒体，内容的设计要适合使用多媒体特性，适合加入丰富的图形图像、多姿的动画、声色兼有的视频。对于不适合使用多媒体表达的内容，制作的结果也许是徒劳的，因为也许使用黑板教学或进行活动实践的教学效果更佳。

2. 中职慕课授课科目的选定要结合学校现状及需求和本校教师情况来综合考虑，所以在选课时要注意：网上已经有的课程最好不选，本校没有过硬的教师的课程最好不选，要选择那些专业过硬的课程。慕课需要教师具有很强的责任心，因为它不像网络公开课，慕课的授课教师在制作完课程后，要每周定时上线解答学生的问题，像是课堂互动，还有批改作业等

等，所以在选择教师时，要选择很负责任的教师，每个学科选一到两人即可，一名教师作为主讲教师，另一名教师作为助理。

（二）学前分析

选定科目和授课教师后，教师要充分做好学前分析，包括教的分析与学的分析两大方面。教的分析包括社会需求分析、教学内容分析、教学人员特征分析、现有教学条件分析等；学的分析包括学习者学习动机分析、兴趣爱好分析、起点水平分析、认知风格分析、学习条件分析等。

除了一般的要求外，中职慕课微课的学前分析一定要重视网络课程与传统课堂教学的不同，不能照搬传统课堂教学的模式。网络课程与面对面课程最大的不同在于教师和学生、学生和学生、学生与资源都处于分离的状态，中间通过一个“机器”作为中介，这个机器就是网络和终端设备的代名词。于是教学内容这个要素被资源所替代和涵盖，而教学方法这个要素更多地转变为教师与学生、学生与学生、学生与资源之间借助机器互动的方法和策略。具体来说，应该注意下面几点：

1. 中职慕课微课的学习者大多是在校中职学生，但也有中学生、已就业实习的学生等，层次参差不齐，动机不一，学习习惯、学习风格差别很大，学习时间趋于碎片化。

2. 中职慕课微课的学习高度依赖网络和终端，尤其是移动终端设备，如iPAD、手机、平板电脑等等。

3. 由于学习者大都以个别学习的方式来学习慕课微课，容易产生孤独感，因此，线上线下的交流互动对他们很重要。

（三）课程设计

在选题和学前分析的基础上，课程设计要从目标设计、策略设计、课件设计、评价设计等方面准备教案和课件，确定知识点及知识点的呈现方式。

1. 目标设计

慕课微课的目标设计分为：教学目标和学习目标，教学目标是指教师对课程最终结果的期望，学习目标是学习者对课程学习结果的期望，在慕课和微课的学习中，这两者很可能有不一致之处。学习者有较强的个人意愿，希望通过课程学习得到自己想要的东西，而不一定都会按照老师的希望那样去行动。因此，教师在设计课程目标时，一定要充分考虑到这一点，在教学目标与学习目标之间找到一种平衡。

2. 策略设计

慕课微课的教学策略主要分为教学资源建设策略、教学活动策略、教学流程设计三大部分。

（1）资源建设策略

①教学资源

教学资源中最重要的是视频资源，其次是课件、文本、工具、素材资源等。慕课微课的教学视频的内容应该选择重点、难点和连接点，教师在视频中可以露面，也可以不露面，一切以内容需要来确定。视频一定要清晰、流畅、节奏恰到好处，以突出教学效果、有效沟通为原则，而不要故意炫耀技巧、花里胡哨；风格以简洁为上，应该尽可能去除一切与内容传递、有效沟通无关的冗余信息，降低学习者的认知负荷；教学视频最好能支持手机播放，时间不宜太长，慕课最多不超过20分钟一节，微课以5-15分钟为佳。要配上字幕，同时提供文字稿本，以供不同习惯的学习者选择。课件、工具、文本、素材等资源应提供上传和下载功能。

②平台模块

慕课微课的平台模块，要根据平台的类型而定。一般应包含课程通知、教师信息、教学视频、学习资源、讨论区、作业提交与成绩公布、自测习题库、个人作品展示、意见建议、相关链接等模块。平台应该提供尽可能多的交流、互动、展示工具，也可以借助社交网络平台开展互动。

（2）教学活动策略

设计教学活动策略时要处理好三对矛盾：①要处理好“有”与“无”的矛盾。在慕课微课的录课现场，通常没有学生，但执教者心中不能没有学生。慕课微课的具体教学过程和常规教学是一样的，也是教师在课堂上展示课堂教学的整个流程。教学流程中的“学生活动”，教师该提问提问，该布置布置，该指导指导，该点拨点拨，该评价评价。这些“过场”都要一一呈现。只是学生没有实际作，执教者只是假定学生已经完成、估计学生完成的程度和结果。所以，要做到估计“恰当”、点拨评价“到位”，执教者就要在备课时研究学生，或设想教材所对应的学生群体的状况，做到“场上无学生，心中有学生”。②要处理好“多”与“少”的矛盾。慕课微课时间有限，课堂教学内容的容量有限，处理好“多”与“少”的矛盾，做到恰到好处，尤为重要。内容过多，未免庞杂；内容过少，未免空洞。“庞杂”则显重点不突出，“空洞”则显内存不丰厚。

无论常规教学，还是慕课微课，板书都是必需的。只不过在慕课微课上“多”与“少”的矛盾尤为突出而已。板书太多，既费时，又显累赘；板书太少，虽省了时，但也许会造成表意不清，难以取得预期效果。③要处理好“快”与“慢”的矛盾。要准确把握教学的节奏，快慢适当。教学的重点和关键部分，要慢、稳而准。非重点的部分，可以一带而过。

在慕课微课的教学活动中最重要的是如何开展在线练习、小组协作、作业评改、交流讨论、互动答疑等活动，线下的活动只能作为补充。如果是局限在中职校内的慕课微课，则可以与校内的面对面教学相结合，采用翻转课堂的教学模式，即学生在课外通过网络课程资源自主学习，课上则进行讨论、交流、练习、辅导等活动。由于慕课微课的学习人数众多，不可能光依靠主讲教师来互动，必须按照一定的比例配备助教，助教可以由青年教师担任，也可选拔优秀的学生担任。如何对助教团队进行管理、分工、考评与奖励，需要依据具体情况不断探索。

（3）教学流程设计

教学流程设计分为开课前的准备阶段、教学实施阶段和评价总结阶段三个部分。开课前的准备阶段需要做大量工作，除了要做好课程设计、录制教学视频、在平台上开设课程之外，还要组织好教学团队及技术支持团队。教学实施阶段时间一般不宜太长，时间过长容易引起倦怠。教学视频的发布一般以周为单位，每周发布一到数段短视频，同时提供教师精选过的学习资源，作业练习，讨论问题、自测试题等。按照课程内容体系由易到难、循序推进。

3. 课件设计

（1）内容设计

A：PPT是只要放核心内容，边末角的东西可以通过教师的嘴跟动作表达出来，对于照本宣科读PPT的微课跟优秀微课没有任何关联。

B：PPT内容设计要有启发性。

C：PPT内容设计要有悬念性。

D：布置反思

（2）版面设计

A：首页与封面设计：最好采用PPT的首页作为封面，这样可以一目了然地知道知识点与作者。第一张PPT作为微课的“脸面”，应当有以下清晰的“五官”，额头：如果是系列微课，可以在这说明；眼睛：简明扼要的微课标题；鼻子：作者及单位；嘴巴：学科学段、章节及教材；耳朵：边饰，缺乏了边饰则显得有些古板、单调，不建议在这里放置教师画面。

B背景：就好似人的皮肤，尽量以素雅为主，能烘托字体，不能太艳丽，如果跟人的皮肤一样浓妆艳抹，则凸显了内容的苍白无力，同样，背景不能乱，试想凹凸不平的皮肤，能美到哪里去?

C中间页：最顶上可以写着知识点的小点，一目了然，中间则放置主题内容，右下角或左下角留出空白，以放置教师画面，同时不挡住文字。背景应当比首页更加简单，但是不推荐没有背景或是某种纯色的背景，太素颜也不好。

D尾页设计：可以加入感谢语、微课题目、欢迎观看其他微课等语言，此页不建议加入教师画面。

（3）美学设计

A：整个PPT当中，应当是50%文字，20%图片，30%空白。

B：整个PPT文字颜色不要超过3种，最好只使用2种。

C：上下一致，左右协调，PPT的上半页与下半页内容数量差不多，不出现头重脚轻，不要出现一边重一边轻的现象，左半页与右半页协调。

D：翻页动画可以有数种，但是不能太多，2–5种翻页效果是合适的。

E：审美不疲劳，不要出现连续的好几张都全部是图片或者全部是文字。

4. 评价设计

慕课微课的教学评价可采用多种形式。教学评价包括对学习者的评价和对课程教学本身的评价两部分。

（1）对学习者的评价

学习者的学习成绩主要由平时成绩与最终考核两大部分构成。平时成绩所占比例应该比传统课堂教学中要大。平时成绩由平时作业和练习完成情况、讨论交流表现等方面评定，最终考核由标准化考试或和提交论文作品构成。作业的评改可以有机改（即计算机系统自动评卷）、教师和助教评改以及学员之间的互评等多种方式。其中学员之间的互评是一种解决大规模评卷困难的常见方式。主讲教师和助教应事前制定好评价量规、范例、评分标准等，在合适的时候发给学员，以利于互评活动的顺利进行。同一个学员的作业和练习应接受2–3名同学的评价，每个学员一般要评价2–3名其他同学的作业和练习。主讲教师和助教应通过多种方式对互评活动进行指导、培训、检查和监督。

（2）对课程教学效果的评价

对课程的评价可根据平台提供的学习者学习活动的各种数据、对学习者的问卷调查与深度访谈以及网络和社会对课程的各种反映等多种形式进行，以利于新一轮开课时做出必要的改进与调整。

除此之外，教师还要细致地进行PPT设计、课程脚本设计、课程素材整理、视频制作规格确定，提前写出最少两周课程的详案，并反复斟酌修改，最后定稿。在设计慕课时，除了两周的详案外，整门课程的整体规划也是要有的，最好是将多年备课授课的积累加以整理，有一套丰富的教案。

二、　中职慕课微课的视频录制

（一）专业技术人员参与的视频录制

依据教学设计的要求，通常中职慕课微课的视频录制可分为交互式大屏拍摄、授课现场拍摄、虚拟场景拍摄、写真拍摄等形式，但慕课微课的课程开发与传统线下课程的一个很大差异就在于慕课开发需要技术团队的支持，无论这些技术人员来自公司、学校的电教中心还是老师自己的研究团队。

这里介绍在理想的情况下，一个慕课微课技术团队需要做的事情，以及他们可以为课程教学团队提供的支持。各个学校慕课建课技术支持团队的组成成分可能会与这里介绍的不同，所能够提供的服务也就不尽相同，因此，这里的信息仅供参考。

首先，要根据建课需要召集一批有专长的人员，包括音视频制作、多媒体制作、图形设计、脚本编写、创意设计、项目管理等，组成慕课建设技术支持团队，各司其职。其次，要组织这批人研究分析已经上线的各种慕课微课课程，掌握慕课微课课程资源的基本设计特点和要求，特别观摩一些优秀课例。在此基础上，技术团队根据专业分工和以往的项目经验，建立慕课微课建课的工作流程，包括：角色分析、脚本写作、设计流程、制作流程、质量监控流程等，并准备好技术培训材料，在学校招募了一群愿意开设慕课的老师后，对这些老师进行“怎样支持老师做高质量慕课”的培训。等到教师组好了建课团队，负责与教师接口的技术团队项目经理就需要和教学团队的项目经理一起建立双方合作模式，这包括：双方的各自责任和义务，对于最终产品形态的统一认识，项目进度表，在开发的过程中教学团队如何对所制作的多媒体资源、音视频资源提供反馈意见，是否有实时看到制作成果的机制等。技术团队往往还会给教学团队提供一套建课指南，其中包括怎么写脚本，怎么写出创意故事，怎么判断多媒体作品的质量好坏，如何提高和评测课程质量，如何处理课程资料中他人版权的材料，等等。

教学团队需向技术团队提供前期准备的全套课程教学资料，包括：在面授时的课程介绍、课程大纲、全套教学PPT、全套习题和测验，所用资源的版权信息等。双方团队的项目经理要基于这些课程资料的数字化程度、能够继承或需要修改甚至重新制作的工作量，来确定将这门课程建设为慕课的大致用时，确定分几个阶段建设，每个阶段的重要里程碑是什么，双方还要建立例会沟通制度，以及时解决制作中出现的问题。

再下一步就是由课程教学团队与技术团队一起进行慕课微课的规划。教学团队负责提出课程的总体设想，包括教学资源型态、教学策略类型等，技术团队要根据课程团队确定的整体思路形成一些开发工具模板，比如故事版模板，也可以为教学团队提供其创意设想是否可以实现的咨询，包括设立几种实现效果，让教学团队有直观感受，以确定取舍。经过双方的合作，教学团队明确了课程最终采取的形态和表现方式，就可以开始制作教学宣传资料了。这时，技术团队要帮助教学团队设计课程标识图片、拍摄制作宣传片，有的技术团队还会帮助教学团队填写慕课平台上的课程宣传页信息。在课程宣传材料制作完成后，技术团队会配合教学团队进行课程样例（某一周内容）的开发和制作，帮助教师制作讲课视频和练习，并创造一些体验来加强内容与互动。其工作方式和制作流程与课程宣传片制作类似，包含了开发、审核、调整以及最终上线、测试几个环节。在样例制作过程中，两个团队要一起思考：这样的课程足够好吗?内容准确无科学性问题且有启发性吗？形式是学生喜闻乐见的吗？做成这样的效果大概需要花费多少人力物力？如果整门课程都如此设计制作，时间、经费、人力是否可行？所确定的教学策略、实现方案等还有哪些方面需要修改？

当样例最终通过了双方的认可之后，就可以开始制作整个课程资源了。这时双方合作模式也已经确定，并形成了一些标准工作表格和开发效率工具，为并行开发课程内容奠定了基础。

在课程全部开发完毕后，要进行课程的测试，这个测试尤其要关注课程是否在学生需要帮助的阶段提供了应有的帮助，课程制作质量是否精良，并根据一些学生测试者的反馈来调整多媒体制作细节，如动画和配音、配乐等。有时候，教师可能需要在学生中开展调查活动，而平台并没有提供调查工具，技术团队可能会帮助教师开发调查工具或者推荐免费调查网站。

在正式发布课程时，慕课微课平台服务团队人员需要辅助教师将课程从开发测试环境迁移到教学的学习环境中。在课程正式运行过程中，可能会暴露出之前没有发现的一些错误，技术人员也需要及时修改，做出相应调整。

以上就是技术团队人员在慕课建设中与教学团队的合作历程。通过对上述过程的梳理，希望能够促进开发人员与教师对彼此角色和工作的理解，以实现更好的配合。

（二）中职在职教师的视频录制方法

由于大部分教师并不是专业技术人员出身，对于拍摄型慕课微课和动画型慕课，需要专业制作团队协助，难度大，限制了教师积极性的发挥。为此根据教师实际情况，这里介绍五种讲解型慕课微课的录制方式。

1. 摄像机传统录制模式。可分为实景演播室录制、虚拟演播室录制或抠像录制及场景式实景录制。一般硬件需配置三机位及以上高清摄像机、无线话、灯光、非编，并配有演播室及相应道具或蓝箱或绿屏或所讲课程相对适应的场景（室内外）环境等，有条件的配切换台、色键器或虚拟演播系统。人员配置：授课教师讲课，助教协助完成PPT，补充内容及字幕，导演一位，两至三位摄像人员，灯光、剪辑、动画合成各一位或由摄像兼顾等。根据制作的复杂程度不同，一般事先会写脚本、演练（试镜）、拍摄、剪辑合成，传统录制慕课微课所需的投入和产出的时间比一般为6：1至100：1之间。换言之，暂且不计算教师、其他工作人员等前期的准备，制作一个完整的10分钟的慕课微课视频成品，需要花60至1000分钟的工作时间。摄制一门高质量的慕课微课，需要教师及其他团队成员积极合作，若人员配合良好，设计合理，投入得当，那么摄像传统摄制效果也是相对最好的，非常适合做精品慕课。

2. 自动录播式录制。上课形式不变，一般现场看不到专业技术人员，教师心理压力不大，是将全部教学场景分别给不同摄像机并摄录，一般分别为教师全景、教师特写、板书特写等，分配给三至四台摄像机，并对PPT

录屏。对特写镜头一般以采用“图像跟踪”或“红外跟踪”等进行跟踪拍摄。但慕课微课的教学特点与传统课堂有所不同，需要对教学设计等进行适当调整。在实际应用中，全自动录制一般不尽如人意，因此一般为半自动，专业技术人员“人为干预”录制方式，并后期剪辑。设备需求一套录播系统，并带有光线明亮、视音频装修录播教室，可保证画面亮丽、声音清晰。自动录播式录制，一般需配备主讲教师一人，专业技术人员一人，及后期制作一人或兼用。这种摄制作方式所需的投入和产出的时间比大概处于4：1至8：1之间。相比摄像机传统录制而言，投入少，人员少，操作简单，摄制速度相对快，但艺术性差，画面较为呆板，该录制方式非常适合大量制作且要求不高时的制作。

3. 可汗学院式录制模式。主讲教师不出现在影片中，用一种电子黑板系统，在一块触控面板上面，点选不一样颜色的彩笔，一边画，一边录。在现实中，一般使用普通的纸和笔记录，一边画，一边录。通过带有固定支架的手机或摄像头及麦克进行摄录。人员配备授课教师一位，若条件允许，可增加助教或技术人员后期剪辑各一位。这种摄制作方式所需的投入和产出的时间比大概处于3：1至5：1之间。相对前面录制模式艺术性差，画面不精良，教学方式单一，非常适合数学教学、化学公式等视频摄制且要求不高时的制作。

4. 录屏式录制模式。将计算机屏上PPT、资料、授课教师讲解声音或授课教师讲解形象通过软件录屏录制。一般分为两类：一类单纯录制PPT等，只摄录授课教师声音及PPT内容；另一类PPT加授课教师讲解开窗小画面合成。具体来说，在第一类基础上，通过外接拍摄设备（摄像头、摄像机、手机等），对授课教师中、近景授课形象录制。人员配备一般为授课教师一人，若条件允许，可增加助教或技术人员后期剪辑。这种摄制作方式所需的投入和产出的时间比大概处于2：1至5：1之间。录屏式录制模式操作简单，设备投入不太，对拍摄场地要求不高（但需要环境安静），若录制PPT加授课教师讲解画面，环境光线明亮、安静。这类录制模式制作效率高，制作简单，但相对PPT制作要求高，非常适合家庭摄制。

5. 改进录屏式录制模式。将书本上文字用手机或扫描仪制作成图片，通过ABBYY Fine Reader Portable软件将图片文字成为文本文字，通过NeoSpeech软件，将文本文字制作成音频文件。一边播放音频，一边控制PPT播放，通过Camtasia Studio或会声会影录屏。人员配备一般为授课教师一位，或一位助教或一位技术人员。这种摄制作方式所需的投入和产出的时间比大概处于1.2：1至3：1之间。此类摄制作方式制作效率非常高，可大规模复制，适合授课教师时间紧迫，且录制内容多，人员少、设备少，无环境要求的录制任务。但无声音表情，比较机械，且对PPT的制作及控制节奏有较高要求，非常适合在大量回复相关复杂问题时使用。

同时在录制过程中，也要运用一些技巧，增强学生的代入感，让每个学习者感受到老师在给他上课。例如适当录制几次教师出镜的视频，可以是教师全部出境，也可以是采用画中画的形式在视频的右下角出境；几分钟视频或一个知识点过后马上设置一个与之相关的小题目，可以采用选择题的方式；设置每次课后要布置作业且规定提交时间，过期不候等。慕课微课这样做的原因是在网络学习环境中，致使学生溜号的诱惑太多，学生不容易长时间紧跟教师的授课思路，综合利用这些技巧进行课程的录制，才能制作高效的慕课内容。

三、　中职慕课微课的后期编辑

后期编辑主要工作是利用实际拍摄所得的素材，通过动画和合成手段制作特技镜头，然后把镜头剪辑到一起，形成完整的影片，并且为影片制作声音。后期的编辑流程为：导入素材 → 声画对位 → 粗剪 → 镜头组接→ 精剪 → 特效及包装 → 字幕及校正 → 流媒体转码。

慕课微课的后期编辑对电脑要求较高，且必须熟练掌握视频后期编辑制作常用的软件，如专业非线性编辑软件 Premiere、Edius、大洋、索贝，平面设计软件Photoshop、CorelDRAW、Illustrator，特效制作软件After Effects，动画制作软件Flash、3dMax、Maya，字幕制作TIMEM时间机器、SRT字幕制作助手等等，一般由专业技术人员共同完成。授课教师只需跟后期制作技术人员反复地审阅，已达到最理想的课程效果即可。最后，经技术人员制作完成的慕课微课就可以发布在网络平台上了，但考虑网络学习的特点，课程要每周内容定期播放，并及时与学生进行互动。

第五节　慕课微课软件简介

中职慕课微课的后期编辑过程要在相应的编辑软件中完成，需要专业技术人员配合才能高质量地完成，且费用较高，不利于教学慕课微课资源的扩充。一线教师非技术人员，很难应用一些专业软件，为了便于中职教师操作，制作属于自己的慕课微课，这里介绍两款便于操作动画和视频制作的软件，供一线教师参考。

一、 动画制作软件——CrazyTalk

以往 2D 动画都是由专业美术设计团队花费许多心力时间制作；动画师需具备充足的技能从头开始画稿，熟练关键格动画编辑、动作逻辑以及其他重要的美学概念。甲尚 CrazyTalk则以创新的角色建制与操偶控制技术彻底改变了 2D 动画制作模式，让每个人都能发挥创意，体验快速、有趣又精彩的动画创作！通过Crazy Talk只需要一张普通照片就能很容易制作出人物说话时的口形动画（还包括面部表情，头部、肩部运动），而且可以输出多种视频格式，包括WMV、FLV等。另外，Crazy Talk还支持语音识别，只要安装合适的语音库，输入文字，就可以生成会说中文、英文的人物动画视频。

通过CrazyTalk，我们只需要一张普通的照片就能制作出人物说话时的口形动画。在生成的动画中，除了嘴巴会跟着语音开合之外，眼睛、面部肌肉等也都会跟着动，非常自然。而且CrazyTalk支持TTS（文字转语音技术），也就是说，你只要输入文字，软件即可自己生成语音和口形。CrazyTalk除了自带的小猫、小狗、雕像等十余个动画角色外，还能让使用者自行制作角色，用自己、动物、朋友、明星的照片制作成会说话的动画角色。

（一）Crazy Talk的操作界面

CrazyTalk界面上方是菜单，菜单下方是“工具栏”，其中包括“建立新演员”、“调整颜色”、“脸部编辑”、“侧面轮廓”、“眼睛设定”、“牙齿设定”、“背景编辑”、“输入声音”、“脸部动态”、“自动状态设定”和“输出”。左侧是制作窗口，左下方是预览控制条，右侧是提供的模板等面板。

（二）制作CrazyTalk角色

1. 打开CrazyTalk，选择“工具栏”的“建立新演员”图标，弹出选择窗口，选择其中的“输入影像”，到当前盘中选择图像文件，本例选择的是1个软件提供的卡通jpg文件。

操作界面

导入图像按钮

在打开的窗口中，选择照片，并确定，即将自己选定的照片导入到了“CrazyTalk”中，可以在软件的左侧面板中看见添加的照片。

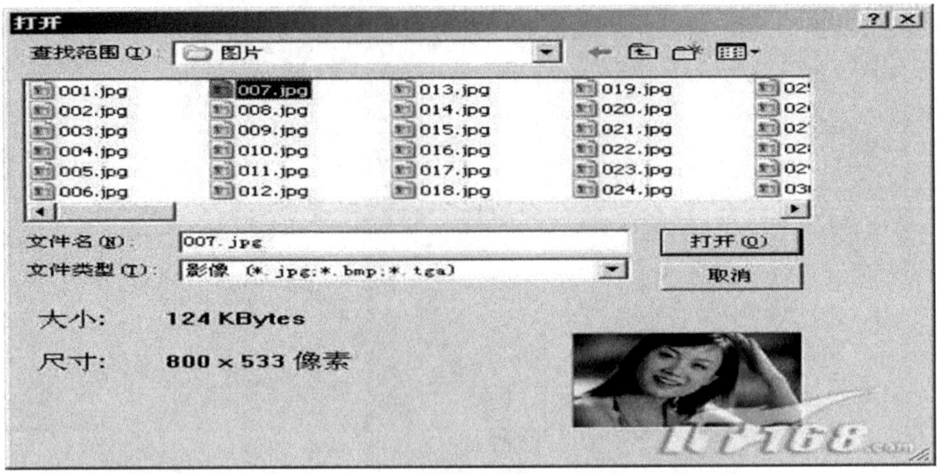

添加照片

2. 剪裁图像。选择图像后出现下图，利用左侧上方的“剪裁”工具，选择合适的大小，最后点击“下一步”按钮.

3. 眼角和嘴角位置调整。上图中有4个带数字的可拖动调节图标，可以拖动分别放入眼角和嘴角位置，软件会根据位置和音量自动设置眼睛和嘴的动作。然后点击“下一步”按钮。

如果你对设定的脸部还是不满意，可选择界面上的“进阶脸部设定”，这里可以具体地设置“眼睛、牙齿、嘴唇、嘴巴”的形态，软件为我们提供了很多选择，点击这些图片还可以在主界面的相片中进行实时的预览，极为方便。

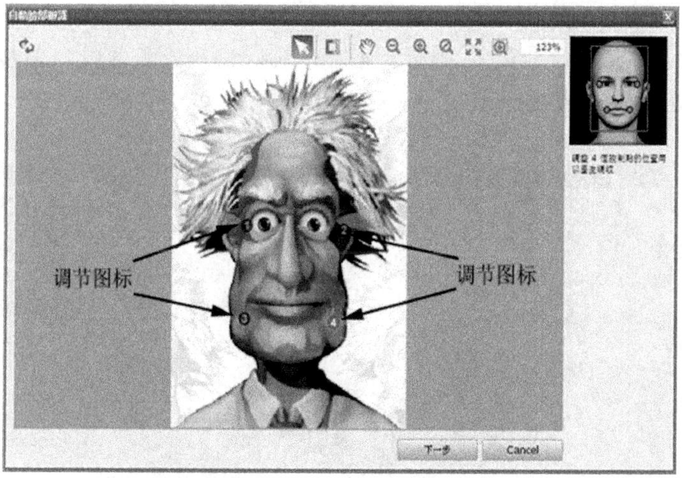

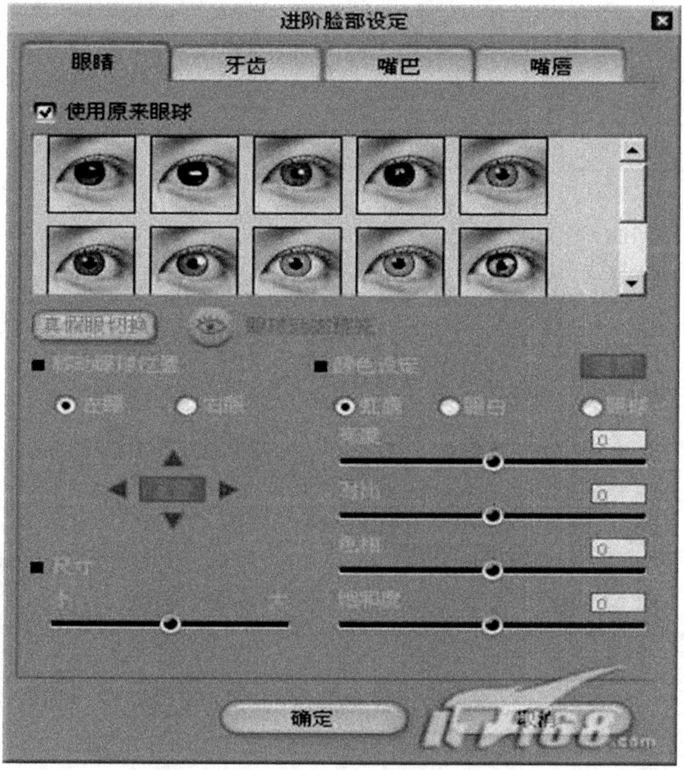

进阶脸部设置

4. 脸部控制点位置调整。上图中有很多可拖动控制点，可以拖动调整这些控制点，如果合适就不调整。软件根据这些控制点可以自动生成一定的脸部表情控制。然后点击“下一步”按钮。

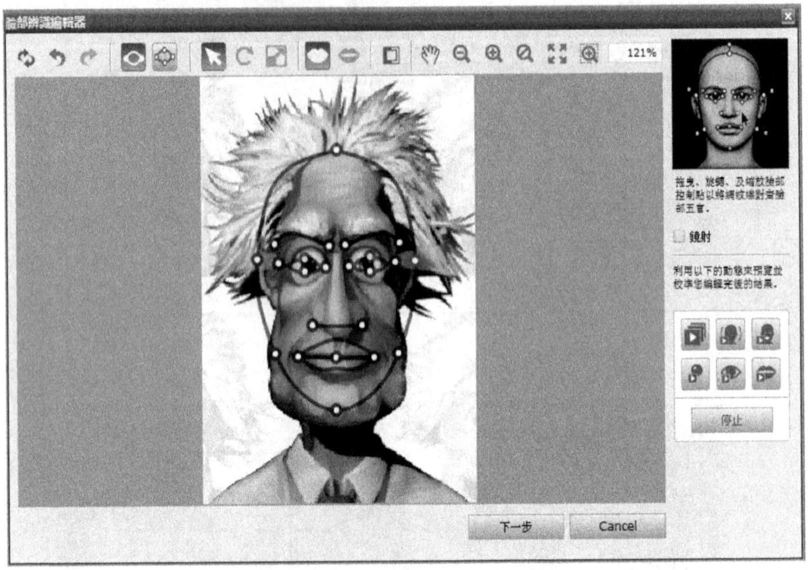

5. 头部方向调整。当脸部出现可以调节的网络调整线时，可以选择头部方向，常常不需要调整，或者微量调节。点击“OK”按钮，设置完成。这时出现下图，只要选择其左下方的播放按钮就可以看到头部已经具有运动动画效果。

6. 添加声音文件。点击“时间轴”图标，窗口下方将出现时间轴。选择“工具栏”中的“输入声音档”工具，出现左图。其中的图标“TTS”允许使用语音识别功能。选择“声音档”，从磁盘选择声音文件，选择后会弹出声音模式选择窗口，选择其中的“说话模式”，然后出现输入声音的进度条，最后出现右图，点击“播放”按钮，可以看到角色动画，角色的嘴型、眼睛、面部都会跟随声音的幅度变化发生变化。

输入声音档

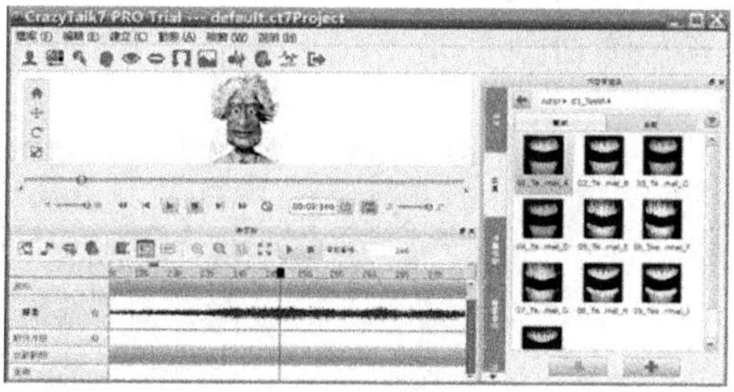

说话模式

将声音文件导入到相片中后，还可在下面的时间轴中，设置不同时间段里的表情和声音，以及声音长短的问题，还可在面板中自定义每一帧的参数。

（三）制作CrazyTalk脚本

脚本页面功能是CrazyTalk在制作角色图像的过程中最关键性的编辑步骤。在这里的编辑设定将决定输出后脸部表情的表情模式、运动模式和其他特殊的效果。

在此脚本功能区中，提供了对于照片中的「声音」、「脸部表情」、「特殊效果」、「头部动态」、「眼睛动态」、「肩膀动态」及「唇形设定」等等的细部编辑模式，让编辑者可以对于所要呈现的结果作最完整的控制。

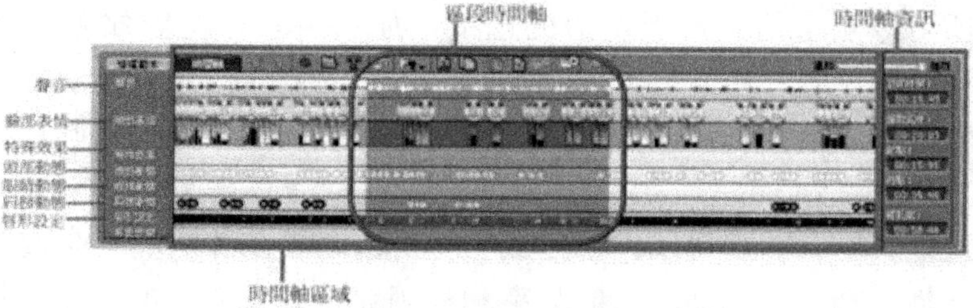

脚本功能区

所有编辑动作以及想套用于哪一个时间点上，均可运用此编辑区中的时间轴来进行编辑设定，只需在所选定效果「声音」、「脸部表情」、「特殊效果」、「头部动态」、「眼睛动态」、「肩膀动态」及「唇形设定」中的时间轴按鼠标两下即可开启该部位的编辑视窗。如在「脸部表情」中，软件预设了8大类一共81种不同的人物面部表情，包括快乐、悲伤、恐惧、眨眼等多种不同分类，只需要点击时间轴上面的“表情”按钮即可打开查看，并搜寻适合自己需要的表情对相片中的人物进行修改，并编辑窗口中实现预览。

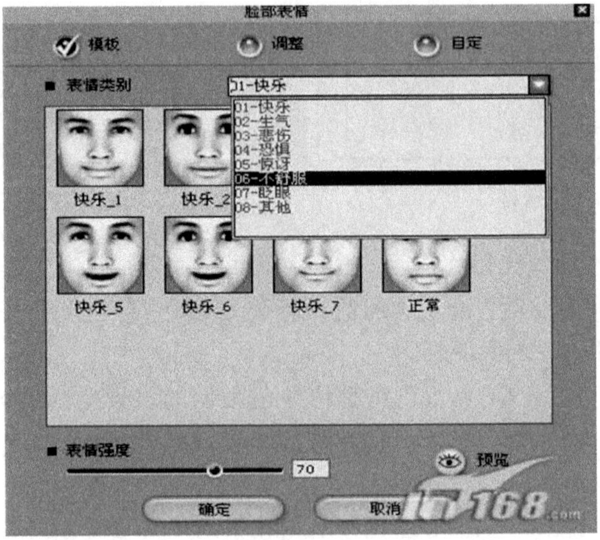

表情选择

同时这些表情还可以定义到具体时间轴里的某一帧上，使得画面显得更加的个性化和真实。

还可以点击情景模板左边的选项，如：声音、特殊效果、脸部表情等进行分别设置，并最后点击浏览窗口下方的播放按钮进行观看，之下的声音和面部表情都已经添加进去了。通过细节调整，将动画调整的更加的协调。

这样，所有的设置操作都完成，生成的动画相片的嘴唇会按照导入的声音文件自动上下翻动，时间频率和动画完全和真人一模一样，基本上可以说协调得天衣无缝。

（四）保存视频格式

照片的动画效果制作完成后，需要将动画保存到计算机中。也就是视频文件的输出，可以点击软件主界面上的“媒体”按钮，打开导出设置框。

在这里我们选择一种视频格式，并点击最下方的导出按钮，就可将刚才制作的动画以AVI、WMA等视频格式输出。

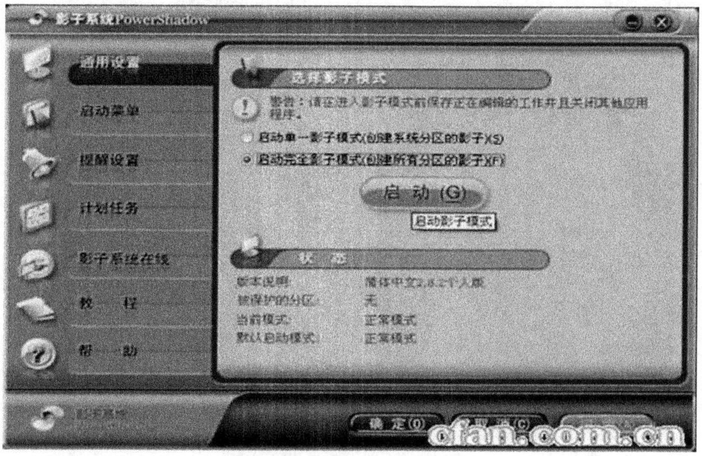

导出AVI视频文件

这里，还可以选择“讯息快递”选项，可将我们的视频文件输出为EXE和CAB格式的文件。

“卡片”选项可以将输出为CAB和MHT网页2种类型。

“手机”选项则可以将视频输出为3GP格式，分辨率只有176×144和128×96两种。输出的文件可在各类手机上播放，这点上应用十分广泛。

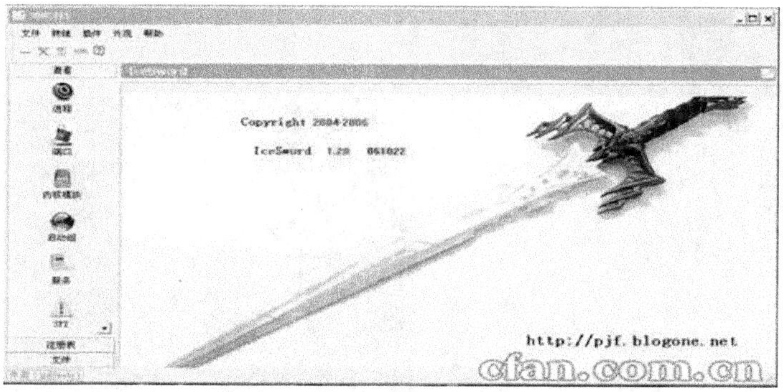

输出手机格式

（五）实用技巧

1. 脸部编辑技巧

（1）要使脸部动态看起来更自然逼真，脸部轮廓控制点应该要稍稍比实际脸部区域大一些。

在轮廓线上点一下鼠标左键，然后点选视窗上方的『缩放』功能，按着鼠标不放进行拖拉以调整轮廓线大小，使其完全框住脸部区域。

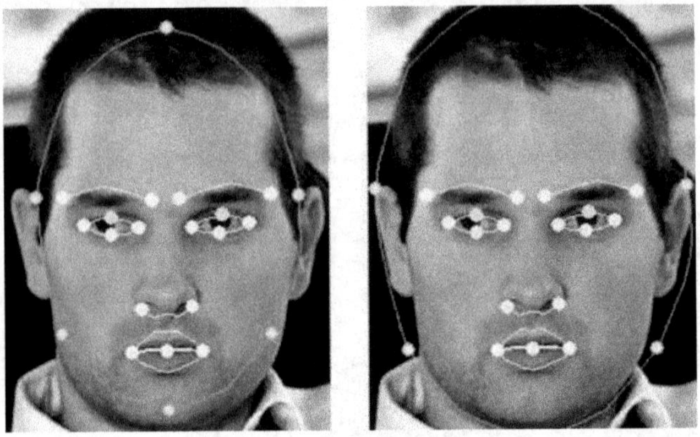

在做完上述轮廓线调整，接下来调整轮廓控制点。额头、双耳与下巴可以控制动态的区域。您可以反复尝试拖拉每个点到不同位置，或是以『缩放』功能拖拉，以得出最佳效果。如要增加肩膀动态的强度，可以透过将下巴的控制点往下拉。假如想要让头发或帽子一起移动，只要将额头的控制点往上拉至合适的位置即可。将额头的控制点向上拉，即可让动态范围变大。

（2）透过编辑眉毛区域细调眨眼动作点选眉毛的控制线，按住鼠标不放向上拖拉。如果眉毛位置太低可能会造成眨眼时的瑕疵。

（3）让眼睛看来更自然

如果您使用原本照片中的眼睛，您可以将眼睛周围的控制点稍微移到眼皮外侧，能让眨眼动作更逼真。

若您是使用CrazyTalk的眼睛资料库，则必须将眼睛的控制点移到眼皮的内侧，这样可以得到效果更好的眼部动作。

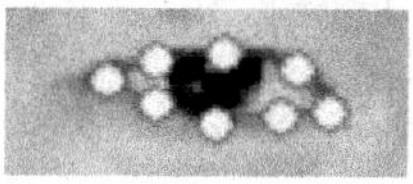
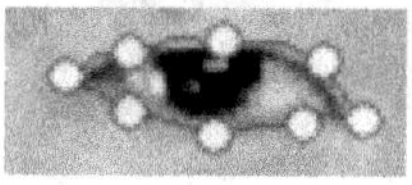

（4）当眨眼时总会发生错位的情况，该如何解决？

若您无论如何调整眼睛、眉毛的纲纹，都还是会看到有瑕疵的情况，您只需要再打开一次『自动脸部辨识』功能，调整四个脸部特征点到适当的位置。确认特征点保持在眼角、嘴角内即可。

（5）遇到张嘴的照片怎么办？

调整嘴唇的纲纹，使其能够刚好分别包住上下唇，接着点选『双唇紧闭』核取方块将嘴巴闭上。

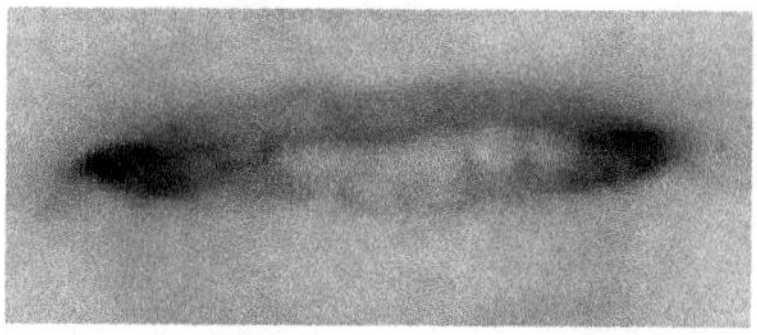
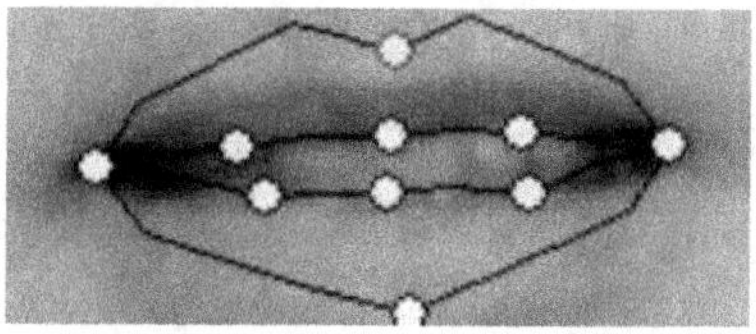

（6）避免背景跟着移动的方法

利用『编辑遮罩』功能来选取不要移动的背景部分。记得要稍微在头的周围留些区域，不要将头部旁的区域涂满。

（7）在『进阶脸部设定』里，要如何更快的调整牙齿或眼睛的位置？

当您在调整牙齿或眼睛位置时，只需持续按住代表方向的箭头即可。

（8）利用『紧闭双唇』功能让脸部纲纹调整更快速。

点选此功能，能让上下唇的纲纹紧密合在一起，若您选的照片本为闭唇状态，利用本功能就不会看到双唇间的阴影区域；若您的照片是双唇微张状态，则将此功能关闭，以便您正确的调整嘴唇的纲纹。

错误

正确

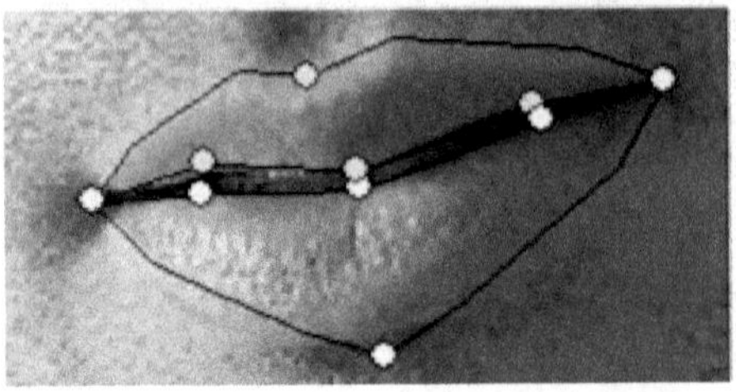

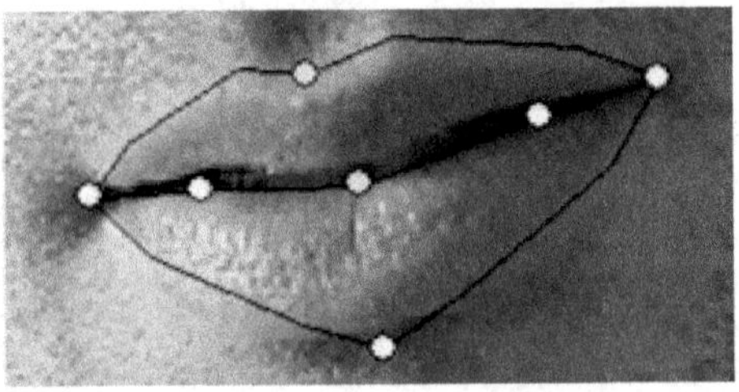

（9）如何分辨哪些控制点是属于上或下呢?

很简单，当您看到无论是在眼睛、嘴巴的黄色控制点，即代表此为上缘的控制点。

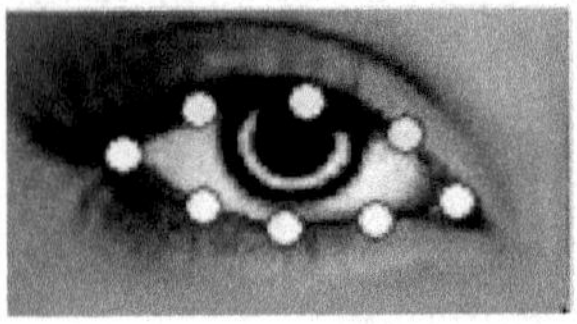

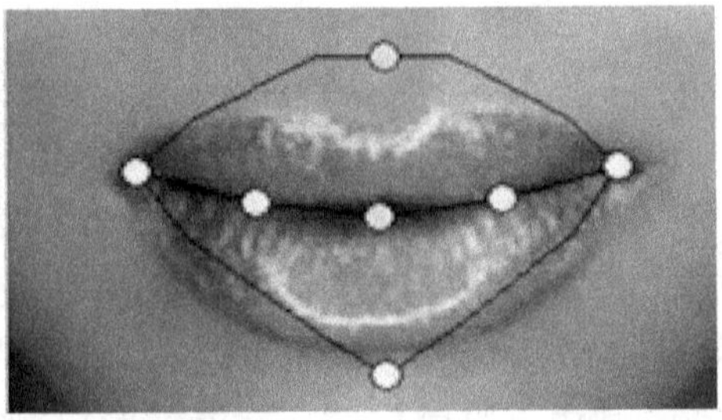

（10）要让自然动态停止，该如何操作?

只需要点选『自然动态设定』，将所有的核取方块取消勾选即可。

2. 脚本编辑技巧

（1）利用情境范本来加速情境编辑。

输入声音资料以后，您可以自由选择情境范本来自动完成情境编辑。仅需在您中意的情境范本图像上双击鼠标左键，程式会根据对声音的分析，自动产生相对应的资料。有些情境范本还带有特殊效果，也一样会自动产生。切换到『时间轴』模式，您即可看到出现的结果、顺序。拖拉时间轴上方的强度滑标，可以对所有的情境范本表情强度做统一调整。

（2）如何在『时间轴』模式下新增不同动态效果？

有以下几种方式：

- 在任意轨道上双击鼠标左键。
- 或是在任意轨道上按鼠标右键。
- 利用鼠标在声音轨上拖拉选取想编辑的区段。
- 在任意的动作轨上点选鼠标右键。

（3）恢复、取消恢复。

- 恢复、取消恢复按钮位于情境范本/时间轴标签的右方工具列。
- CrazyTalk最多可以记录20个曾经做过的动作，利用本功能可以帮助您从错误中迅速恢复。
- 角色编辑的恢复、取消恢复按钮位于左方工具列最下方。

（4）利用复制、粘贴功能来节省时间。

- 在时间轴上调整好头、眼睛、肩膀动作后，您可以用复制、粘贴功能，把做好的关键格贴到其他位置。
- 首先选取想要复制的关键格，利用Ctrl+C复制，Ctrl+V粘贴，或是直接以工具列上的按钮为之。

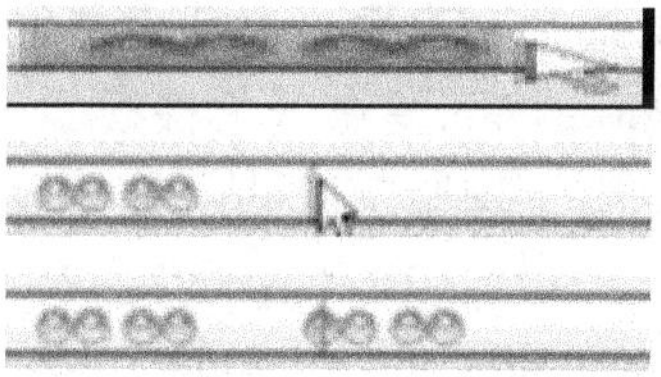

- 点选想放置的位置。
- 粘贴。

（5）如何选取、移动关键影格（Keys）

- 在轨道上拖拉选取想要变动的关键影格；
- 或是点选该区段起始处，接着移动鼠标到区段结尾，按Shift+鼠标左键选取。

● 拖拉被选取的关键影格到您想要的位置。

● 同理，若想移动表情设定，选择关键影格。

● 拖拉被选取的关键影格到您想要的位置。

（6）新增自定脸部表情。

● 选择最接近您想要的表情范本，然后点选『调整』。您将会看到『五官调整』与『肌肉』调整细节。

● 拖拉滑竿以调整满意的结果，按『确定』即可套用。

● 若您想要将调整好的表情保存下来，按『新增』即可存放在自定标签下，方便日后再度取用。

（7）如何让唇形更准确？

● 尽量保持原始录音时声音单纯，将不必要的杂音（背景音、音乐……）在录音时就滤掉。

● 如果需要加入音效或背景音乐，请多利用背景音乐功能。

● 如果您觉得自动唇形分析的结果不够完美，您可以自由编辑『唇形设定轨』调整。

● 先将时间轴放大，以便进一步的编辑动作。

（8）角色与时间轴资料。

● 只有套用了眼睛资料库的角色才能看到仿真眼球。您能套用在任何角色上；但在此之前，眼部纲纹的调整的细节要比较注意。

● 一旦套用了仿真眼球，时间轴上的眼睛轨就会被启用。

● 透过『自然动态设定』可以检查头部与肩膀动作。

3. 输出技巧

（1）要如何将CrazyTalk嵌入PowerPoint文件中？

a. 在『输出到网页』处，点选『角色』『脚本』输出。

b. 接着在PowerPoint里点选『检视』—『控制工具箱』

c. 点选『控制工具箱』里的『其他控制项』，选择CrazyTalk Control

d. 在简报上拖拉您想要放置的区域、大小。

e. 在该拖拉出的区块上按鼠标右键，选择『CrazyTalk Control物件』属性，以开启设定对话框。

f. 选择刚刚从CrazyTalk输出的角色与脚本。

g. 按下确定回到PowerPoint编辑页面，按下『投影片放映』—『播放』以进行结果检视。

注：如果您想要把做好的PPT带到别的电脑使用，在『属性』对话框内要勾选『将资料内嵌在文件中』，或您得把存出的CTS、CTM文件一并复制过去。

（2）输出到网页时，要如何缩减角色与脚本的文件大小?

a. 如果您想要缩减角色大小，您应该要使用原本照片的眼睛、背景、牙齿等。并且在『输出到网页』里，将影像品质尽可能调低。

b. 要减少脚本的资料大小，您可以选择较低品质的声音、并且移除一些特殊效果。

（3）要制作VCD或DVD时，该如何减少文件大小?

您可以选择输出高品质的RM或是WMV格式，或者您可以在网络上找到一些压缩比高、且能保持影像品质的 AVI CODEC来使用。（例如 Panasonic DV CODEC http：//users.tpg.com.au/mtam/install panvfwdv.htm）下载安装完成后，您输出AVI就可以选择您所喜爱的视频压缩方式，可以有助于您节省硬盘空间。

总之，CrazyTalk和其他如“3dMax”、“Maya”、“Flash”等专业软件相比还有差距，不支持MP3格式的音频文件，导出的视频文件数据庞大，但相对于那些大型专业软件，CrazyTalk又具备了轻易上手、操作简单等特性，适合业余普通玩家，对于没有视频编辑经验的初级普通用户非常的实用。

二　视频编辑软件——Corel VideoStudio（会声会影）

会声会影是一套简单易用的个人家庭视频编辑软件，也是世界上第一套面向非专业用户的视频编辑软件。它应用十分广泛，既可以刻录光盘、制作电子相册、节日贺卡、MTV等家庭视频作品，也可以应用于商业，制作广告宣传、栏目片头、游戏动画等项目。随着会声会影功能日益完善，可视化操作页面和多变的特效被广大非专业人员应用并且制作出了高水平的视频，它在数码领域、相册制作及商业领域的应用越来越广，深受广大数码摄影者、视频编辑者的青睐。

现在有的版本有很多，比较常用的X5.X7、X8等，最新版为X10，官方未出简体中文版，但已有人制作汉化补丁。下面以X9为例，介绍会声会影的基本功能。

（一）Corel VideoStudio的操作界面

会声会影的工作区是为客户提供了自定义工具区布局功能，您可以自定义程序窗口的大小，更改屏幕上各组件的大小和位置，实现对编辑环境的完全控制，提供了更好的编辑体验设计。各个面板都是独立的窗口，可以按照您的编辑喜好来更改。在使用大屏幕或双显示屏编辑时尤其有用。

会声会影的操作界面

表2-5-1　功能区域面板简介

区域代号	功能区名称	功能描述
1	步骤面板	包括捕获、编辑和分享按钮，这些按钮对应视频编辑过程中的不同步骤。
2	菜单栏	包含文件、编辑、工具和设置菜单，这些菜单提供了不同的命令集。
3	播放器面板	包含预览窗口和导览面板。
4	素材库面板	包含媒体库、媒体滤镜和选项面板。
5	时间轴面板	包含工具栏和项目时间轴。

（二）影片制作过程三步骤

如何自制的视频影片，将拍摄好的照片加上转场，音乐和字幕，制作出一段精美的视频影片？Corel会声会影制作视频影片，将影片制作过程简化为三个简单步骤——捕获视频、编辑视频、分享视频，会声会影制作视频的操作流程如下：

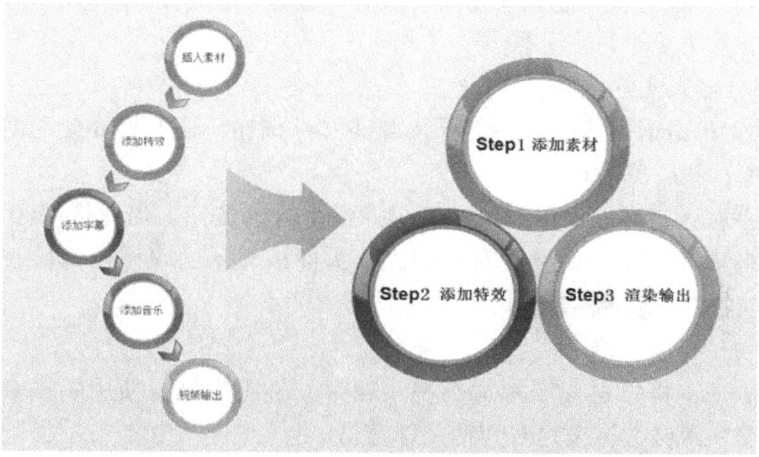

会声会影操作流程图

Step1.导入素材

1.1 将视频素材导入到素材库

让我们从最常用的情境开始 —— 拍摄已完成，您已将视频素材和照片从相机传输到计算机。我们可以打开 Corel VideoStudio Pro，然后直接跳到编辑工作区和素材库。素材库是取得所有媒体（包括视频素材、照片和音乐）的来源。其中也包括您可以运用在项目的模板、转场、特效和各种其他媒体资产。

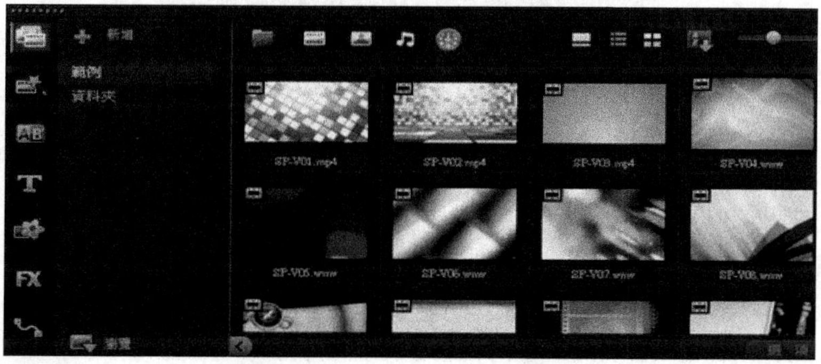

素材库窗口

（1）单击应用程序窗口上方的编辑卷标，以打开编辑 工作区。素材库面板会显示在应用程序的右上角。

（2）为您的项目建立一个文件夹，将您的所有视频保存在一起，方法是：单击添加文件夹按钮。

（3）输入文件夹的名称。

（4）单击素材库最上方的导入媒体文件按钮，选取您要使用的视频素材和照片，然后单击打开。

请注意，您可以启用或停用素材库最上方的按钮，借此依视频、相 片和音乐来筛选缩图。如果没有看到您认为应该显示的媒体，请检查这些媒体按钮的状态。

1.2 加入素材和照片

方法一：将素材和照片加到视频项目，就跟您想要使用的视频素材和照片缩图从素材库拖曳到时间轴一样容易。

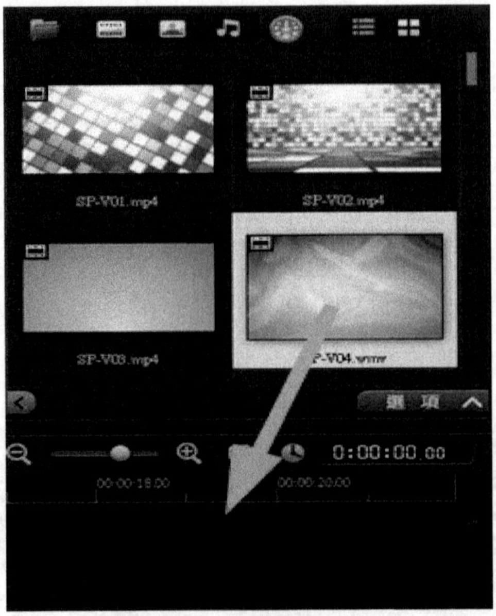

拖曳到时间轴添加素材

方法二：在视频轨上单击鼠标右键，插入照片就选择“插入照片”，视频就选择“插入视频”；然后会出现一个打开文件的对话框，找到相应的视频或者图片，点击“打开”。

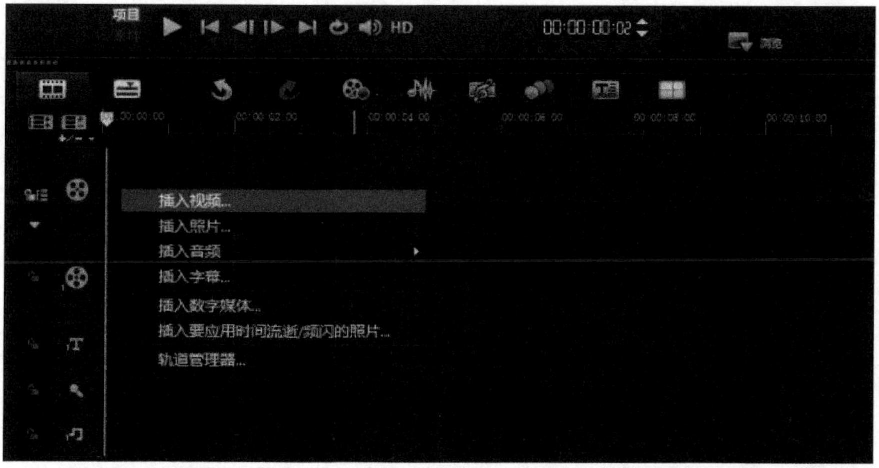

导入素材

1.3 校阅并修剪您的视频素材

视频的成功关键在于尽量简短，同时还能抓住观看者的兴趣。让我们来校阅和修剪视频素材。

（1）在编辑工作区中，单击时间轴内的视频素材。

（2）在播放器面板的浏览区域中，单击素材，再单击播放按钮。

（3）校阅素材后，将橘色修剪标记从原本的开始位置拖曳到新的开始位置。实时预览列会移到所选取的帧，此帧会显示在预览视窗中。

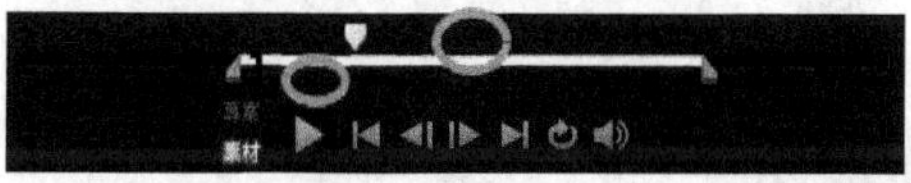

1. 修剪标记（每个结束位置上有一个） 2. 实时预览列

（4）现在将第二个修剪标记从原来的结束位置拖曳到新的结束位置。

（5）单击播放。

注意： 对导入素材库的文件所做的更改不会影响到源文件。您也可以拖曳素材的结束控点，来修剪时间轴本身中的视频素材。

拖曳素材结束控点

Step2.添加特效

2.1 添加转场

您可以在素材之间或在照片之间加入转场。转场可用于淡入或淡出或用于使一张照片溶解于下一张照片当中。有许多转场选项可供选 择。

（1）将素材都添加到视频轨上之后，在素材库中单击转场按钮 。

（2）单击素材库最上方的图库下拉式清单，如果您想要查看有哪些选项可用，则选择全部。

（3）将您要的转场缩图选中，按住鼠标左键不松手拖曳到时间轴，并放在两个素材或两张照片之间后松手。

添加转场

如果您想要将同一个转场套用于轨中的所有素材和照片之间，请在素材库中，以鼠标右键单击转场缩图，然后选择套用指定特效至视频轨。此时将会显示有关取代任何现有转场的警告。

（4）若要删除项目中的转场，请执行下列其中一项：

- 单击要移除的转场，然后按［Delete］。
- 以鼠标右键单击转场，然后选取删除。
- 拖曳以分开具有转场特效的两个素材。

2.2 添加滤镜

添加滤镜。在会声会影x9中，为用户提供了多种滤镜效果，就是我们通常所说的为视频添加特效。对视频素材进行编辑时，可以将它应用到视频素材上。通过视频滤镜不仅可以掩饰视频素材的瑕疵，还可以令视频产生出绚丽的视觉效果，使制作出的视频更具表现力。

（1）单击素材库中的滤镜按钮，显示各种滤镜范例的缩图。

如果您想要使素材库中的滤镜依类别显示，可从图库下拉式清单 中选择滤镜类别。

（2）选取时间轴中的素材，然后从素材库中显示的缩图选择视频滤镜，按住鼠标左键不松手；

（3）将视频滤镜拖放到视频轨内的素材上面后松手。

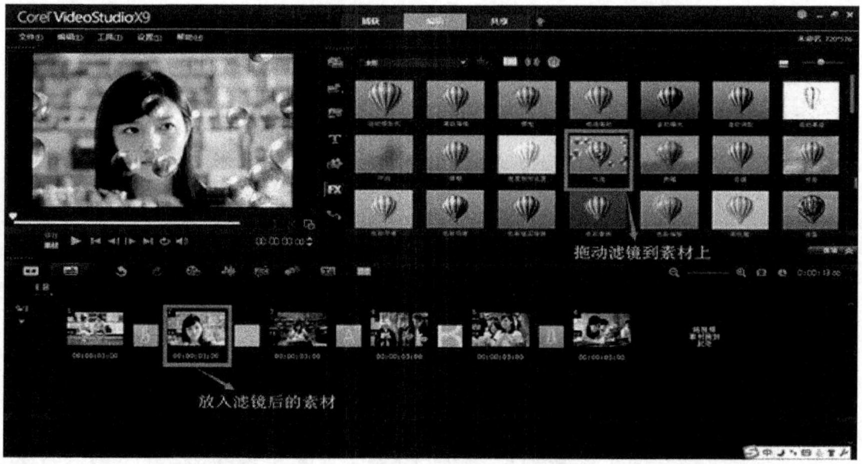

添加滤镜

（4）在选项面板的属性卷标中单击自定义滤镜，自定义视频滤镜的属性。可用的选项将随着选定的滤镜而异。

自定义视频滤镜的属性窗口

（5）使用导览列预览套用了视频滤镜的素材。

2.3 添加字幕

字幕是现代影片中的重要组成部分，其用途是解释作用。在各式各样的广告中，字幕的应用也越来越频繁，这些精美的字幕不仅能够起到为影片增色的目的，还能够直接向观众传递影片信息或制作理念。

在会声会影中，标题字幕是影片中必不可少的元素，好的标题不仅可以传送画面以外的信息，还可以增强影片的艺术效果。为影片设置漂亮的标题字幕，可以使影片更具有吸引力和感染力。

（1）将实时预览列拖曳到您要添加字幕的位置。

（2）单击素材库缩图左边的添加字幕标题按钮T。

（2）您可以在预览窗口中直接输入，但最容易取得专业外观标题的方式是，在标题字幕素材库中选择一个合适的标题格式拖入到时间轴中的标题轨。

（3）双击标题轨中的标题，在预览窗口中输入自己的文字内容，文字外单击后可标题进行拖动；

（4）将长度调整到与照片一致。

（5）若要编辑标题文字，请在预览窗口中，连双击时间轴中的标题素材，然后选取文字并输入新文字。使文字保留在显示于预览视窗边缘附近的方块内（称为标题安全区域）。

（6）标题的选项面板显示在素材库内的缩图下方。使用任何一个控制项来格式化您的标题文字。例如，您可以使文字对齐并且更改字形、大小和色彩。

添加字幕

标题文字编辑预览窗口

标题选项控制面板

2.4 添加音乐

一部影片如果缺少了背景音乐，那么再优美的画面也将黯然失色，而优美动听的背景音乐不仅可以为影片起到锦上添花的作用，更可使视频颇具感染力，从而使影片更上一个台阶。您也可以单击导入媒体文件按钮来浏览计算机中的音频文件。导入音频文件至素材库后，您可从「素材库」拖曳音频至「时间轴」来为您的项目添加音乐。您也可以使用自动音乐选择将免版税的音乐加到您的项目。

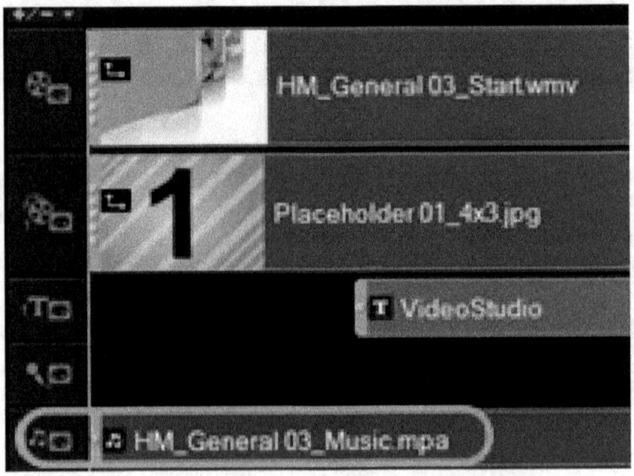

音乐轨

（1）在时间轴工具栏上，单击自动音乐按钮。

（2）在显示于素材库缩图下方的自动音乐区域中，尝试下拉式清单中的各种选项，然后单击播放选取的音乐来聆听选取的项目，若要将选取的项目加到时间轴，请单击添加至时间轴，该音乐就会加到音乐轨。

（3）另一种方法是在声音轨上单击鼠标右键，选择插入音频到声音轨，在对话框中选择一首音乐素材点击打开，该音乐也会加到声音轨。

（4）您可以在时间轴中，将它拖曳到新位置，然后拖曳结束控制来进行修剪。

（5）若要使音乐于项目结尾处逐渐消失，请单击自动音乐区域中的淡出按钮。

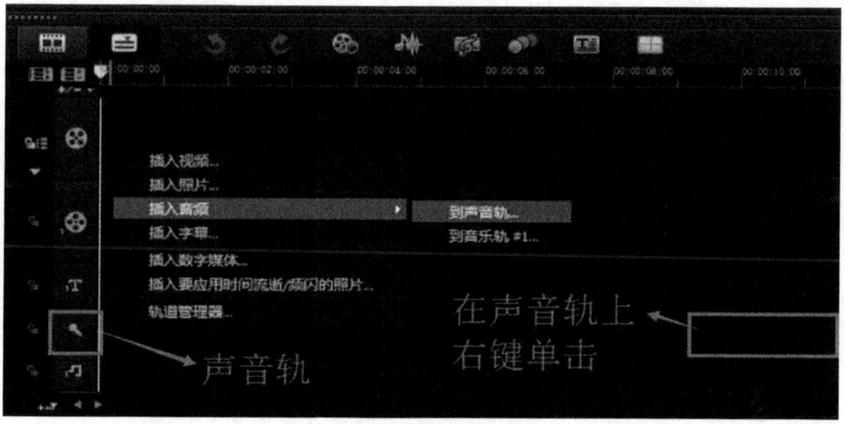

右键添加音乐

Step3. 渲染输出

3.1 保存项目文件

保存项目文件的正确做法是：单击“文件”在下拉菜单中选择“智能包”，如图所示，打包后的项目文件应如图样式，只有这样才能保证下次打开的时候文件可以不丢失。

注意：有些用户直接选择“文件”下的“保存”，这样保存项目文件是不对的，一旦素材移动存储位置或者删除就会出现文件无法打开的情况。

保存项目文件

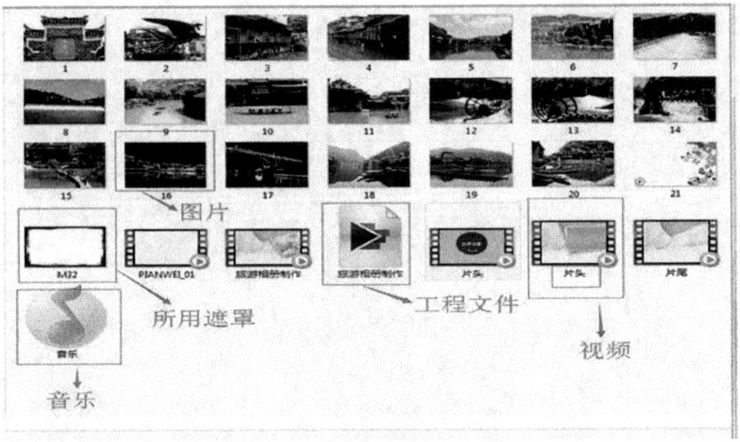

项目文件打包内容

3.2 输出文件

（1）点击“共享”；

（2）选择“自定义”；

（3）在“格式”下拉菜单中选择“MPEG–4”；

（4）输入文件名，选择文件位置，

（5）最后点击“开始”文件就被成功输出了。

具体操作可参照图8、9、10。当然格式我只是举一个比较常用的，里面的视频输出格式非常多，大家根据具体情况合理选择就好了。

输出文件

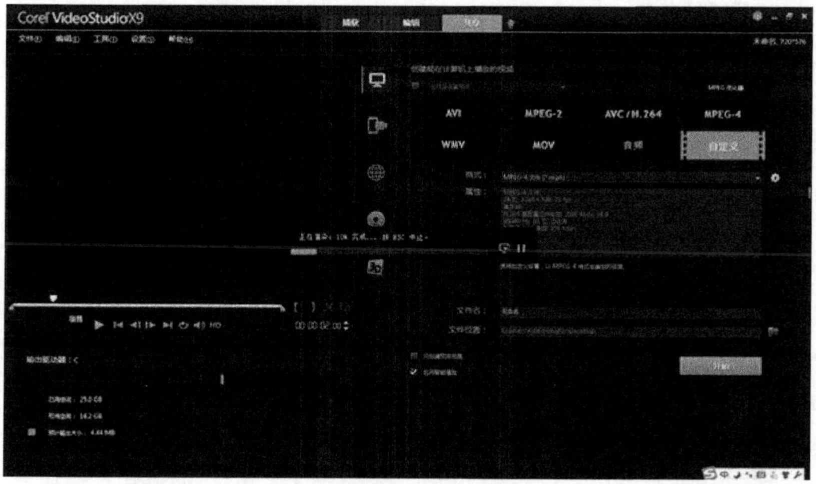

文件渲染中

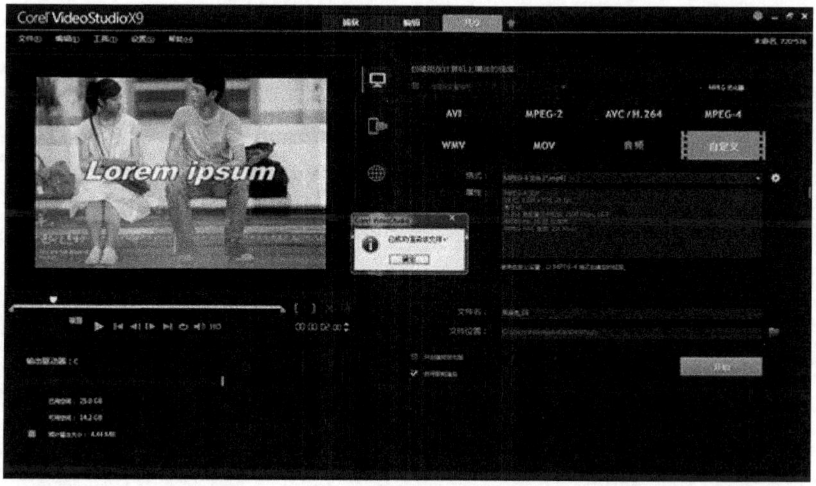

视频渲染成功

制作过程中还可以根据自己的需求给影片加上一些特效装饰，让画面更美地呈现。

（三）会声会影常用快捷键

为了方便初学者更好地利用会声会影编辑影片，避免误操作，现将会声会影常用快捷键介绍如下：

选单指令快捷键

Ctrl + N	建立新的项目
Ctrl + M	建立新的 HTML5 项目
Ctrl + O	打开项目
Ctrl + S	保存项目
Alt + Enter	项目内容
F6	偏好设置
Ctrl + Z	恢复
Ctrl + Y	取消恢复
Ctrl + C	复制
Ctrl + V	粘贴
Del	删除
F1	说明

工作区快捷键

Alt + F10	移至「捕获」工作区
Alt + F11	移至「编辑」工作区

Alt + F12	移至「输出」工作区

浏览区域快捷键

F3	设置标记开始时间
F4	设置标记结束时间
L	播放 / 暂停
Ctrl + P	播放 / 暂停
空格键	播放 / 暂停
Shift + 播放按钮	播放目前选定的素材
K	回到素材或项目的开始位置
Home	回到素材或项目的开始位置
Ctrl + H	回到素材或项目的开始位置
End	移至结束区段或提示点
Ctrl + E	End
D	上个帧
F	下个帧

Ctrl + R	重复
Ctrl + L	系统音量
S	分割视频
Tab	在修剪控点和实时预览列之间切换。
Enter	当左修剪控点启动时，按［Tab］或［Enter］可切换至右控点。
向左键	如果您按了［Tab］或［Enter］启动修剪控点或实时预览列，使用向左键可移至上一个帧。
向右键	如果您按了［Tab］或［Enter］启动修剪控点或实时预览列，使用向右键可移至下一个帧。
ESC	如果您按了［Tab］或［Enter］启动并切换修剪控点与实时预览 列，可按［Esc］来停用修剪控点/ 实时预览列。

时间轴快捷键

Ctrl + A	在时间轴上选取所有素材。单一标题：选取屏幕编辑模式 中的所有字符。
Ctrl + X	单一标题：剪下屏幕编辑模式中的选定

字符。

Shift + 单击	选取相同轨中多个素材（若要选取素材库中的多个素材，请按［Shift］+［单击］或［Ctrl］+［单击］素材。）
向左键	在时间轴上选取前一个素材。
向右键	在时间轴上选取下一个素材。
+ / –	拉近 / 拉远。
Ctrl + 向右键	往前卷动。
Ctrl + 向左键	往后卷动。
Ctrl + 向上键 / Page Up	往上卷动。
Ctrl + 向下键 / Page Down	往下卷动。
Home	移至时间轴的开始位置。
End	移至时间轴的结束位置。
Ctrl + H	上一个区段。
Ctrl + E	下一个区段。

多重修剪视频快捷键

Del	删除
F3	设置标记开始时间
F4	设置标记结束时间
F5	在素材中向后移动
F6	在素材中向前移动
Esc	取消

配置设置快捷键

F7	切换至默认值
Ctrl + 1	切换至自定义 #1
Ctrl + 2	切换至自定义 #2
Ctrl + 3	切换至自定义 #3
Alt + 1	保存至自定义 #1
Alt + 2	保存至自定义 #2
Alt + 3	保存至自定义 #3

屏幕捕获快捷键

F10	停止屏幕捕获
F11	暂停 / 继续屏幕捕获

其他快捷方式

ESC	停止捕获、录制、建构或关闭对话框而不作任何更改。如果您切换至「全屏幕预览」，按［Esc］可回到Corel VideoStudio Pro 工作区。
在「特效素材库」中连双击转场	连双击「素材库」中的转场，就可将它自动插入两素材间第一个空白的转场位置。重复此程序就可将转场插入下个空白转场位置。

三、　云班课平台软件——蓝墨云班课

智能化学习平台是一个功能强大的在线教学平台，通过建设在线课程、测试、学习讨论等功能，满足个性化教学需求，激发学生学习的主动性、帮助教师更好地进行教学活动、实现优质教学资源共享、有效地进行教学质量监督与评价，是慕课微课教学的有力支撑。蓝墨云班课是一款基于移动网络环境满足教师和学生课堂内外即时反馈教学互动的客户端App，是在移动网络环境下，利用移动智能设备开展课堂内外即时反馈互动教学的云服务平台之一，以帮助老师提高与学生的互动效率，激发学生在移动设备上学习为目的，实现教师与学生之间教学互动、资源推送和反馈评价。平台以教师在云端创建的班群和班课空间为基础，为学生提供移动设备上的课程订阅、消息推送、作业、课件、视频和资料服务；为教师和学

生提供基于移动交互式数字教材的教学互动支持，教师在数字教材中标注阅读要求和学习重点，学生在数字教材学习时可以查看教师的批注，也可以在同学间分享笔记。教师可以查看学生的学习进度和学习记录，学期末教师可以得到每位学生的学习评估报告。蓝墨云班课是一款免费的可以帮助普通老师开展日常慕课微课教学的云平台工具，也是老师开展慕课微课教学、JiTT教学（适时教学）和翻转课堂教学新模式的好助手。

（一）蓝墨云班课操作界面及功能

教师使用蓝墨云班课创建一个班课，学生通过班课邀请码加入班课，所有学生的智能手机立即连接成一个可以即时反馈的教学互动网络。利用蓝墨云班课，教师可以提升与学生的沟通和互动效率，开展微课、JiTT教学或翻转课堂教学。教师可以发送课程通知，推送课件、微视频、图片、音频、文档等资源到学生的移动设备上，并提醒学生学习，反馈学生的学习记录。在课堂上或课外时间里，教师可以随时开展投票、问卷、头脑风暴、答疑、讨论等教学活动，让教学更加生动有趣，即刻反馈，即刻点评。配套蓝墨移动交互式数字教材，可以实现对每位学生学习进度跟踪和学习成效评价，学期末教师可以得到每位学生的数字教材学习评估报告。

（二）蓝墨云班课基础操作

1. 下载并安装客户端

（1）Android手机用户：

方法一：手机访问蓝墨云班课官网mosoteach.cn，在首页点击“Android Phone”按钮，弹出对话框后再点击“一键安装”即可下载客户端到手机安装。

方法二：使用手机微信中的“扫一扫”，对准官网首页二维码扫描，然后选择普通下载，即可下载客户端到手机安装。（如果手机上已经安装腾讯应用宝可以选择高速下载）

方法三：使用手机QQ加入蓝墨教师交流服务群371142964，在群文件下载Mosoteach.apk文件到手机上安装。

方法四：微信关注蓝墨科技官微mosoink，点击云班课，App下载。

方法五：如果手机上安装了腾讯应用宝，在腾讯应用宝中搜索“蓝墨云班课”，点击“下载”即可下载客户端到手机安装。

（2）iPhone手机用户

方法一：手机登录蓝墨云班课官网mosoteach.cn，在首页点击“iPhone”按钮，转到App Store下载安装。

方法二：使用手机微信中的“扫一扫”，对准官网首页二维码扫描，转到App Store下载安装。

方法三：微信关注蓝墨科技官微mosoink，点击云班课，App下载。

方法四：从App Store中搜索“蓝墨云班课”，直接下载安装。

2. 用户注册

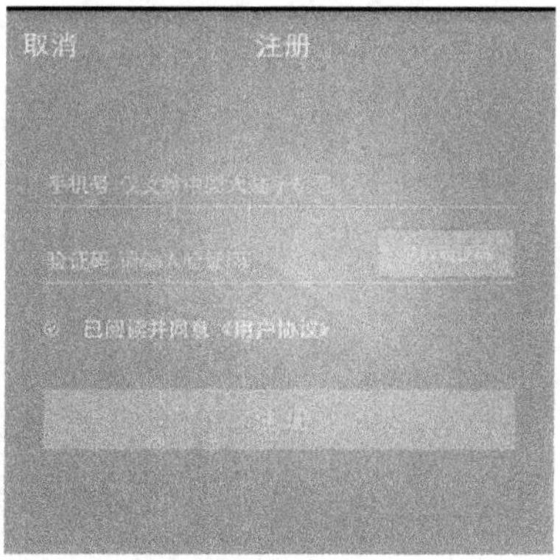

（1）打开蓝墨云班课应用登录界面。

（2）点击“注册蓝墨账号”，设置“账号”“昵称”“密码”和“验证”四个项目，点击注册即可。注意要使用自己真实的常用邮箱号码作为账号，便于忘记密码时找回密码（密码必须8位以上，必须字母与数字混合）。

3. 创建班课

（1）登陆蓝墨云班课应用；

（2）点击界面右上角“十”加号，再点击“创建班课”；

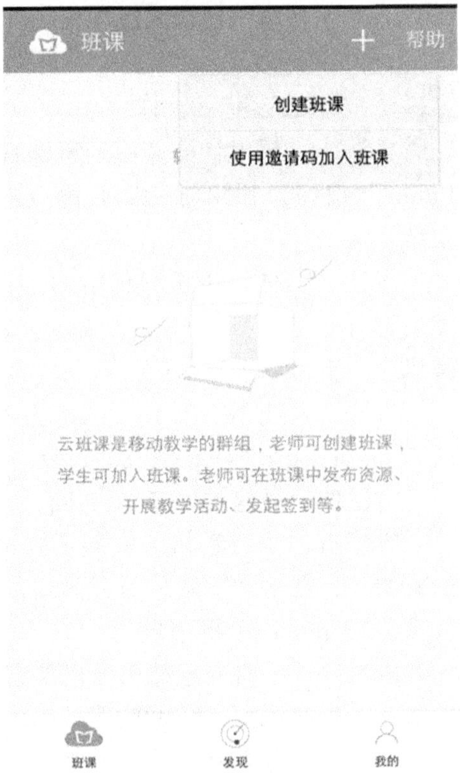

（3）填写“学校及院系”“班级”“课程”“数字教材”“学习要求”等项目，需要注意的是“必填项目”必须完整填写才可成功创建班课，“选填项目”按实际需求填写即可（提示：老师创建其他班课时，曾经用过的课程名称可以直接选择，不用再重新输入；在选择学校的时候如果没有自己的学校名称，请反馈给网络管理员，由蓝墨云班课的管理员为您统一添加即可）；

（4）点击右上角“创建”按钮，班课创建成功，同时生成“班课邀请码”。

4. 邀请学生加入班课

（1）课前通过学科委员通知所有学生手机上下载安装蓝墨云班课应用，下载方法参见上面的描述；

（2）课前或在课堂上公布班课邀请码给学生；

（3）学生打开应用界面，点击右上角“+”号，点击“使用邀请码加入班课”，输入班课邀请码，加入教师班课。学生本人排在成员列表第一位。

5. 推送教学资源

（1）途径：图片（拍照、选择本地图片）、从PC上传、网页链接、资源库。

（2）方法：

方法一：点击“图片”按钮，将需要上传的资料拍照或选择本地图片，再设置“文件名”“分组”和“类型”，然后点击“上传”即可。

方法二：点击“从PC上传”按钮，在PC浏览器中访问mbook.cc，在界面中输入手机上出现的6位上传码，点击带圆圈的箭头按钮，然后点击“点击添加”按钮，弹出对话框，设置上传文件的分组和类型后，点击“选择文件”，选择电脑上的图片、视频、音频、PPT课件、教案、作业等资料，然后点击上传，开始传送资源到班课云空间，上传成功后，所有终端设备可以即时同步显示。

方法三：点击“网页链接”按钮，老师可以将微信或网页上的有价值的教学资料随手分享给班课学生。

方法四：点击进入“资源库”后，老师可以从资源库中选择调用资源到其他班课中使用，点击右上角“多选”还可以一次调用多个资源。

（3）资源手动发布和定时发布：老师上传资源时可以选择“上传并发布”或“上传但不发布”，前者可直接即时发布资源，后者可进行手动发布或定时发布，同时增加“未发布”状态显示。老师可以根据教学需求手动点击发布资源，还可以预设时间定时自动发布资源。这里需要说明的是：上传的视频资源必须MP4格式，视频编码H.264（AVC），音频编码AAC，容量不超过100M。

（4）教学资源发布后，所有学生的手机会收到即时消息通知，如果学生浏览或下载过该资源，资源后面的数字可以即时统计。

（5）资源的分组：在上传的时候可以给资源选择分组，也可以上传后（默认未分组）给资源统一分组，具体操作是：点击资源右侧向下的小箭头符号，弹出下拉菜单，点击“编辑”，再点击“分组”按钮，选择或创建完分组名称后，点击右上角“完成”即可。

（6）资源的删除：点击准备删除资源右侧向下的小箭头符号，弹出下拉菜单，再点击“删除”按钮即可。

（7）资源的转发：点击资源右侧向下的小箭头符号，弹出下拉菜单，再点击“转发”按钮即可将该资源转发到其他班课。

（8）资源的编辑：点击资源右侧向下的小箭头符号，弹出下拉菜单，再点击“编辑”按钮，即可重新设置资源标题、分组和类型。

6. 创建教学活动

（1）活动类型

在班课界面点击“活动”按钮，再点击“添加活动”，即出现“投票/

问卷”“头脑风暴”“答疑/讨论”“活动库”“作业/小组任务”“测试”等模块。

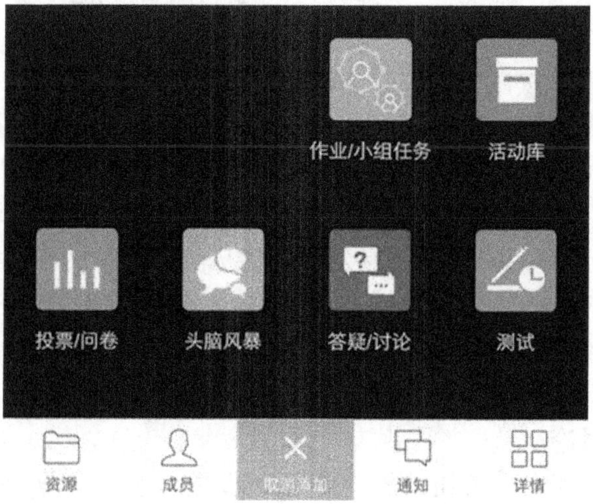

（2）投票/问卷

点击“投票/问卷”按钮，设置标题和分组，输入题干内容和选项内容，题目可以是一个或多个，选项必须是两个或两个以上，填写完成后点击右上角“创建”，就完成了“投票”或“问卷”活动的创建。

活动默认是未开始状态，点击活动右侧向下的小箭头符号，弹出下拉菜单，出现“删除”“转发”“编辑”“开始”四个按钮：

a. 点击“删除”按钮可将该活动删除；

b. 点击“转发”按钮可将该活动转发到其他班课；

c. 点击“编辑”按钮可对该活动的标题、分组、内容进行重新编辑；

d. 点击“开始”按钮，该活动即开始，系统会自动提醒所有班课学生参加活动，学生参加活动并提交结果后，老师可以看到学生即时反馈的结果；

e. 活动开始后显示“进行中”状态，点击活动右侧向下的小箭头符号，弹出下拉菜单，再点击“结束按钮”活动即可结束，活动结束后学生也可以看到活动结果。

（3）头脑风暴

点击“头脑风暴”按钮，设置标题和分组，输入500字以内的题干，然后点击右上角“创建”按钮就完成了活动的创建。

活动默认是未开始状态，点击活动右侧向下的小箭头符号，弹出下拉菜单，出现“删除”“转发”“编辑”“开始”四个按钮：

a. 点击“删除”按钮可将该活动删除；

b. 点击“转发”按钮可将该活动转发到其他班课；

c. 点击“编辑”按钮可对该活动的标题、分组、内容进行重新编辑；

d. 点击“开始”按钮，该活动即开始，系统会自动提醒所有班课学生参加活动，学生参加活动并提交结果后，老师可以看到学生即时反馈的结果。老师点击学生的发言，可以对发言加注标签，并可以分类显示；活动开始后显示“进行中”状态，点击活动右侧向下的小箭头符号，弹出下拉菜单，再点击“结束按钮”活动即可结束，活动结束后学生也可以看到活动结果。

（4）答疑/讨论

点击“答疑/讨论”按钮，输入标题，设置分组，根据需要，教师还可自主设置“允许图片消息”和“允许语音消息”，然后点击右上角“创建”按钮就完成了活动的创建。老师可以创建多个答疑讨论，然后让不同的学生进入不同的答疑讨论，实现分组讨论。

活动默认是未开始状态，点击活动右侧向下的小箭头符号，弹出下拉菜单，出现“删除”“转发”“编辑”“开始”四个按钮：

a. 点击“删除”按钮可将该活动删除；

b. 点击“转发”按钮可将该活动转发到其他班课；

c. 点击“编辑”按钮可对该活动的标题、分组、内容进行重新编辑；

d. 点击“开始”按钮，该活动即开始，系统会自动提醒所有班课学生参加活动，学生进入答疑讨论组后的功能类似微信，可以语音、文字、图片和拍照发言，点中别人的发言，会显示［解答］菜单，然后点击并回复后，问题和回答可以连接在一起显示；活动开始后显示“进行中”状态，点击活动右侧向下的小箭头符号，弹出下拉菜单，再点击“结束按钮”活动即可结束，活动结束后学生不能再发言，但可以看到之前的发言记录。

需要提醒老师注意的是：所有人包括教师，首次进入讨论答疑，只能看到进入之后的所有人的发言，无法看到进入之前成员的发言，所以创建完讨论答疑活动后，最好第一时间让所有人进入。

7. 发送通知

（1）班课界面点击“通知”按钮；

（2）点击“+”号按钮；

（3）输入通知内容；

（4）点击“发送”按钮，系统会发消息提醒学生查看通知；

（5）向左滑出可删除通知内容。

8. 管理成员

（1）查看学生学习数字教材的时间线，何时阅读了哪一章节；

（2）查看学生学习数字教材的累积时间和总进度，查阅每个章节的学习时间和进度；

（3）查看学生在数字教材上做的笔记数量和内容；

（4）查看学生参加了多少次教学活动；

（5）查看学生下载和学习了哪些教学资源，如果是视频资源可以查看观看时长和观看进度；

（6）查看成员总人数；

（7）将成员向左滑出可移除该成员。

此项功能只有指定了数字教材，并且学生在平板或PC上有数字教材的学习行为后，才会有相应的学习记录和评价，而具体数字教材的应用，需访问mosobooks.cn了解更多信息，大部分数字教材需要购买获得。

9. 管理班课

（1）编辑班课

在班课“详情”界面，点击“编辑班课”，可对“必填项目”和“选填项目”进行修改，再点击右上角“保存”即完成编辑。

（2）复制班课

在班课“详情”界面，点击“复制班课”，重新设置“班级”后，点击右上角“复制”按钮，弹出提示，系统自动生成邀请码，再点击“确认”即可成功复制班课。复制班课后，原班课中的资源和活动会带到新班课中，资源以未发布状态进入新班课，活动以未开始状态进入新班课。

（3）结束班课

在班课“详情”界面，点击“结束班课”，弹出提示，点击“确认”即可结束班课，已经结束的班课界面会变成黑白色，排在最后，结束的班课不可恢复。

（4）隐藏已结束班课

老师在班课列表界面点击右上角齿轮符号，弹出菜单会看到“显示已结束班课”选项，取消勾选即可将已结束的班课隐藏，只显示正在使用的班课。

（5）禁止加入

在班课“详情”界面，点击“禁止加入”弹出提示，点击“确认”即可禁止其他成员加入班课。

10. 点名签到

（1）在班课“成员”模块右上角点击“签到”按钮进入签到界面。

（2）点击“一键签到”按钮，系统弹出提示，点击“好的”，点名即开始，在签到界面可以看到学生的名字快速闪现和签到人数不断变化。点击“结束”按钮即结束点名，学生无法再签到。点击“放弃”按钮，返回签到首页并废弃此次点名结果。

（3）点击右上角“保存”按钮，存储签到记录，将签到记录向左滑出可删除该点名记录。点击历史签到记录，缺勤的学生会自动显示，老师可以设置病假、事假、迟到等操作。

（4）点击“手势签到”按钮，在屏幕滑动手指创建一个签到手势并在课堂上公布给学生，点击“开始”按钮后，学生输入正确手势完成签到。

（5）在签到界面点击“统计”，可以查看班级学生的平均出勤率、考勤次数、出勤率趋势图表，以及每个学生的出勤、迟到、早退、病假、事假等数据；整个学期的考勤统计可以在Web版后续版中自动导入到Excel。点名签到过程耗费流量极低，3G或4G环境下就可以顺利完成。

第三章

中职学校慕课微课应用模式简介

用信息技术改变传统的课堂教学模式，一直是国内专家学者们孜孜不倦的追求，然而至今为止，依然成效不大。慕课、微课作为现在较为流行的、用信息技术手段教学较为成功的教学模式，我们在中等职业学校公共基础课教学中进行了尝试和对比研究，也得出了一些关于中等职业学校公共基础课慕课、微课教学的经验，在此分享给大家，以期共勉，不当之处，敬请指正。

第一节　中职公共基础课教学现状

长期以来，人们对中等职业教育形成了固有的观念：即教学生掌握一门技术，或者说要求学生只要会做能做，其他的则不必过多考虑。正是在这种思维的引导下，家长、学生甚至一些学校和教师更加注重学生专业技能水平的高低，而忽略对学生进行语文、数学等中职公共基础课的知识培养，导致基础课教师难教，学生不重视公共基础课的现象出现。中职公共基础课教学面临尴尬，而重专业课轻基础课的现象，不但会给基础课的教学质量带来较大影响，也会给专业课教学带来诸多不利，主要表现在以下三方面：

一、　学生方面

学生对公共基础课学习目的不明确，据相关调查发现学中职生中有40%喜欢学专业课，却只有13%愿意学语文、数学、外语等公共基础课（另外47%的学生回答对所有课程都不感兴趣）。虽然学生对基础课不感兴趣，但大部分学生还是觉得基础课对日后专业课学习是有用的。一方面，出于对专业技能学习的渴求，造成了学生重专业课、轻基础课的现象。另一方面，在与学生的交谈中，我们发现，他们似懂非懂、隐隐约约地感觉基础课对专业课有用，但不知道真正有用在什么地方。由于基础课底子薄弱，学生对基础课学习提不起精神来，如果教师还是一味强行“灌输”，对他们学习基础课的意愿将是“致命”打击，直至他们失去学习兴趣。

中职学生基础课学习困难有主观、客观两方面的原因。从客观方面看，中职学生是一个基础薄弱的学生群体。一方面，相当一部分中职学生综合素质较差，有的学生自卑、偏执、不服从教育管理。另一方面，他们的学业基础较差，尤其是数学基础差。从主观方面看，中职学生的学习动机复杂。有很多学生认为来中职学校就是为了学习技术，为日后就业做准备，这部分学生比较重视专业课的学习，而忽视基础课的学习。但也有较多的学生是迫于家长的压力被动地在学校“混日子”，这部分学生对学习没有兴趣和积极性，没有明确的学习目标。学生希望教师在上课时与学生多交流，这就要求公共基础课教师多了解学生的思想和学习心理，在教学中渗透一些专业应用，不但能提高学生对公共基础课的学习兴趣，也能让学生为日后的专业课学习打好基础。

二、 教师方面

中职公共基础课教师对自身教学地位有点无奈，从对中职公共基础课教师的调查中，发现有87%的教师认为所教班级的学生对专业课更感兴趣，对基础课感兴趣的学生只占11%。究其原因，首先是中职公共基础课教师和专业课教师之间的交流很少。其次是中职公共基础课教师以会考作为教学目标。他们一是缺乏为专业课服务的教学理念，二是缺乏专业方面的知识。基础课教师在教学中讲授的往往只是教材上的知识点，想的较多的是“教什么”和“怎样教”，很少思考“为什么而教”。再者是由于多数学生基础知识比较差、学习方法和习惯不良、学习目的不够明确、教师教学方法欠妥等原因，基础课课堂上常出现教师提问、学生没有应答的现象。每当此时，基础课教师会感到很无奈或尴尬，教学也显得被动低效。

三、 教材方面

一是不同省份采用的教材版本不同，教材内容有较大差异。二是公共基础课教材的内容很少和专业课程联系，教材内容和专业课知识缺乏联系使得基础课教学显得抽象、枯燥，学生对基础课学习缺乏兴趣，在学习过程中容易出现“难、厌、怕、弃”的现象。三是中职公共基础课教材内容的编排和学校专业课课程安排存在矛盾，公共基础课程的知难度和深度与专业课的要求不太符合。这使得基础课知识的教与学滞后于其在专业中的应用，不能及时有效地为专业提供服务。

第二节　中职学校慕课微课教学应用方式

作为慕课微课的传播和应用途径与方式，不同的专家有不同的见解，说法不一。我们通过教学实践认为中职公共基础课慕课微课教学应用方式主要有以下三种：

1. 网络视频公开课：教师将课程制作成为一种公开的网络视频资源，通过优酷、搜狐视频、腾讯视频、网易公开课等视频网站进行发布，可供有需求的学习者利用零碎时间学习，亦可进行同行之间的交流分享。此类课程一般不包括师生互动、学生讨论、答疑等学习活动在内，大都以独立形式存在，不进行考核评价。

2. 网络私播课：是一种改良的慕课微课教学新模式，英文名为Small Private Online Courses，简称SPOC，中文名译为私播课。相对网络视频公开课而言，它有两方面改变：一是学习者人数有限制，一般在几十人到数百人之内；二是开放度减少，对学习者有一定要求，达到要求者方可学习。在实践中，SPOC往往更适合于需要远程学习校内课程的学生（如外出实习、企业见习、异地学习的学生），学生数量有限，批改作业、个别指导、考试监督等都容易实现，便于教师与学生的进行互动交流。

3. 混合式网络课堂：是要把传统学习方式的优势和网络化学习的优势结合起来，不是简单的对传统课堂学习和在线学习进行混合，而是对两种学习形式中的各种学习要素进行有机融合，并运用各种教学理论，协调各个要素，充分发挥混合式学习的优势，实现教学最优化，也就是说，既要发挥教师引导、启发、监控教学过程的主导作用，又要充分体现学生作为学习过程主体的主动性、积极性与创造性。从中职学生的学习特点、区域教材差异和教师等因素考虑，此种形式的课堂更适合于真实的课堂教学，且在教学中取得了很好的效果。

第三节　中职学校慕课微课混合式网络课堂简介

在教育信息化逐步深入课堂的大背景下，信息技术正以惊人的速度改变着学生的学习方式，但随着第一轮的研究与实践的热潮退去之后，人们逐步回归理性。网络视频公开课的学习方式具有丰富的多媒体资源，但不能完全替代教师的课堂教学，缺乏了教师的深度参与，且中职学生的公共基础课底子薄，自主学习的能力较弱，学习效果并不像预期的那么理想。网络私播课适合于校外实习、假期开课及异地学习的远程，与教师的面授相比，教师的主导地位相对弱化，教学效果欠佳。混合式网络课堂是基于混合式学习理论演化而来，结合了传统学习方式的优势和网络化学习的优势，充分体现了在线学习的主动参与性，发挥了教师或专家的引导作用、人格影响、学习和研究方法的渗透的优势，已经成为大家共同关注的教学方式，是三种教学应用方式中最为适合中职公共基础课慕课、微课教学的方式。

一、　混合式网络课堂的概念

所谓混合式网络课堂就是要把传统学习方式的优势和e-Learning（即数字化或网络化学习）的优势结合起来，也就是说，既要发挥教师引导、启发、监控教学过程的主导作用，又要充分体现学生作为学习过程主体的主动性、积极性与创造性。混合式网络课堂源于商业服务与企业培训的混合式学习，国外的研究最初主要是职业培训，现在逐渐转向了企业培训与高校在职硕士、博士课程学习并重的发展方向。在全球范围内，众多学术机构与教学专家对混合式学习的研究已有一定成效，有多家研究机构推出了混合式学习的模型，如TELOS语言实验室、英国BBCI语言研究中心、德国歌德学院等。混合式学习（Blended Learning）理论引入我国后，在许多领域得到应用，如学历教育、学校教育和企业培训等，尤其在企业培训领域得到了广泛的应用和发展。

混合式学习（Blended Learning）包含了四个应用层次，分别描述如下：

第一个层次：线上与线下的混合

在最基本的层面上，混合式学习包括在线学习和离线学习。在线学习通常是指通过网络（如Internet或Intranet等）进行的学习，而离线学习则指发生在传统教学环境中的学习。在线学习（E-Learning）包括实时和非实时的在线学习，能够突破时空限制，利用丰富的共享资源，有利于学生积极主动地进行自主或合作探究，从而培养了学生的探究精神和创新能力；离线学习即传统课堂教学以面对面的知识传授为主要特征，对于师生间的情感交流，基本概念、原理、规律和事实性知识的传授以及教师对教学进程的监控和学生对知识的系统掌握都很有利。两者各有优势，将在线学习与传统课堂教学结合起来，就是要发挥各自的优势，以弥补其不足。

第二个层次：基于学习目标的混合

基于学习目标的混合式学习，不再单一考虑线上与线下的因素，在“混合”策略的设计上以“达成学习目标”为最终目标，混合的学习内容和方式更为广泛。基于目标的混合式学习既可能都是传统方式的，例如：课堂教学与读书以及讨论会相结合的混合学习，又可能都是在线方式的混合，例如：通过网络虚拟教室学习与BBS讨论相结合的在线学习等等。因此，该层次的混合式学习又被称为“整合式学习”。

第三个层次：“学”与“习”的混合

“学”与“习”的混合才是混合式学习的真正内涵。通过“习”将学习的内容应用到实践中去，这是学习更高层次的目的。通常情况下，我们将“学”等同于学习，而实际情况将“习”完全遗漏掉了，绝大多数的面授或在线学习都只是“学”而已，并不是真正意义的学习。实际上，设计“学”与“习”的混合才是最有效的混合式学习。而这种混合式学习在设计上其实又是最简单的。

第四个层次：学习与工作的混合

学习与工作相结合的混合式学习又被称为“嵌入式”的学习或“行动学习”，与其说是一种学习方法，不如说是一种学习境界。良好的混合式学习中的学习支持模块是能够利用及时辅助工作实践的绩效工具和实践活动（用工作任务或任务过程模拟模块）来实现的。学习支持服务作为一种必不可少的要素出现在教师与学习者的交互过程之中，并将贯穿整个教学过程。从某种意义上来说，工作本身就是学习。管理者在推动这个层面的效果上，往往体现在通过一些措施来促进员工的工作总结、经验分享以及业务创新等方面。从多数企业的组织架构来看，教育培训部门很难推动这个层面的“混合式学习”，因此就不做过多的阐述。个人认为在第三个层次，“学”与“习”的混合上，学校教学还有很大的发展空间，能够取得更好的效果。

基于混合式学习的混合式网络课堂教学方式是学习理念的一种提升，这种提升会使得学生的认知方式发生改变，教师的教学模式、教学策略、角色也都发生改变。这种改变不仅只是形式的改变，而是在分析学生需要、教学内容、实际教学环境的基础上，充分利用在线教学和课堂教学的优势互补来提高学生的认知效果。混合式网络课堂是通过对各种学习媒体、学习模式、学习环境和学习内容等学习要素的有效混合，提高学习者的学习满意度，优化学习资源的组合，从而达到最优的学习效果和经济效益；将电子化学习环境下的自主学习和课堂学习环境下的合作学习相互结合和互补，建构出一种既能发挥课堂学习中教师主导作用，又能体现学生通过自我学习进行建构知识的全新教学方式。

二、 混合式网络课堂的相关理论基础

混合式网络课堂是基于混合式学习开发的授课模式，而混合式学习是在E-learning的基础上形成的一种新型的学习方式，强调的是数字化学习与传统教学的有机统一，是人类学习观念的又一次升华。在现代教育的大背景下，这种观念的转变不是凭空出现的，必定是基于一定的理论基础，因为任何教育实践都需要理论的支持和指导。所以，只有了解了混合式学习的理论基础，才能把基于混合式学习的混合式网络课堂教学与各门教学具体的融合在一起，才能在教学中具体问题具体分析，解决教学中遇到的实际问题，从而才能有效地促进教学发展。

（一）建构主义学习理论

学习理论是对学习规律和学习条件的系统阐述，是心理学的一门分支学科，主要研究人类和动物的学习行为特征和认知心理过程。学习理论为教学的一般原理提供了最切 实的起点，如何才能有效地控制教学情境中的关键因素，其可靠的答案大多来自学习理论的研究。虽然一种合适的学习理论并不是改进教学的充分条件，但是一种有效的教学理论必须建立在有关的学习理论基础之上。

建构主义学习理论是20世纪50年代以来在批判地继承了行为主义学习理论的基础 上产生的，是认知主义学习理论的进一步发展。从皮亚杰、布

鲁纳、奥术贝尔到斯腾柏格、凯斯，进过近半个世纪的研究和发展，成为指导现代教育、教学改革的主要理论基础之一。

建构主义学习理论兴起于20世纪90年代，其代表理论有皮亚杰的“认知发展理论”、杜威的“做中学”理论、维果茨基的“社会文化历史”建构理论等。该学派的基本观点是，学习者是以自己关于世界独特的经验及信念为背景，来积极主动地与环境相互作用，从而建构起自己对世界的独特理解。

建构主义学习理论是认知主义学习理论的进一步发展，与认知主义学习理论不同的是，建构主义者认为知识不是客观存在的，而是个体根据自己已有的认知结构建构出来的。因此，建构主义认为学习是学生主动建构意义的过程，建构过程一方面是对新知识的意义建构，另一方面也是对已有知识结构进行重组和改造。由于每个个体都是以自己的知识结构来建构意义的，因此可能对同一知识有不同的理解，每个人都可能根据自己的方式理解知识的一部分或某些方面。为了使学生建构知识的完整意义和发挥学生的主动性，建构主义提倡随机通达教学、抛锚式教学、支架式教学等教学方法，并特别强调学习过程中的社会相互作用。在建构主义学习理论下教师不再是知识的传授者，而是学生的帮助者，为学生提供有利于意义建构的环境，使学生能够建构完整的意义，并进行主动地学习。

混合式学习的教学策略需要多种学习理论的指导，以适应不同的学习者、不同类型的学习目标、不同学习环境和不同学习资源的需要。在建构主义环境下，学习是利用资源的学习，是基于问题的学习，也是提倡合作、自主探究的学习，建构主义学习理论有利于学习者探索和创新思维的培养。基于建构主义学习理论的混合式学习是更为成熟的学习理论，在此基础上的混合式网络课堂教学效果也将更为明显。

（二）媒体选择理论

教学过程是教学信息的传播过程，所以教育传播理论是教育技术学的重要理论基础，也是混合式学习的重要理论基础之一，它在认识教学传播现象和规律的基础上，为改善教学过程各要素的功能条件追求教学过程的最优化提供了理论支持。

教育传播理论包括教育传播信息、符号、媒体、效果理论。其中教育传播媒体作为教育信息、符号的载体，它的选择对教育传播效果有着直接的决定作用。而混合式学习的关键问题之一就是教育传播媒体的选择与组合应用。因此对教育传播媒体理论的研究有利于混合式学习的顺利开展。

在现代社会中，媒体这一概念我们毫不陌生，它是信息的载体，在现代教学中是不 可缺少的传输工具，在混合式学习中起着实施教学、支持学习、评价学习结果的重要作用。

美国教育学家施拉姆（W. Schramm. 1954）的媒体选择定律，可以用来作为影响人类选择或使用媒体行为的依据，定律表达方式为：

预期选择概率（P）=可能得到的报酬（V）/需要付出的代价（C）

从上面的公式中我们可以看出，教师和学习者对媒体选择的预期选择概率，一般来说，总与可能得到的报酬成正比关系，与所需要付出的代价成反比关系。据此，选择媒体时就要考虑尽可能降低需要付出的代价。如果需付出的代价相同，我们应该选择可能得到的报酬大的媒体。在混合式学习中，教师的主导地位和学生的主体地位都要考虑到，而在现代教育中，媒体作为教学的辅助工具是不可缺少的，所以，把此定律运用到媒体的选择上，是合情合理的。施拉姆的媒体选择定律我们可以扩展为：可能得到的报酬，对教师而言应是教学目标的实现情况，对学习者而言应是学习的效果如何；付出的代价，对教师而言应是使用媒体设备和制作媒体资料时所需的费用、难易程度及所花的时间等，对学习者而言应是进行学习时所必备的条件（如计算机设备、上网费用等）以及适应性等。

1982年，美国教育学家施拉姆与中国香港的传播学家余也鲁，在华南师范大学讲学后，出版了《传播・教育・现代化——教育传播的理论与实践》一书，在怎样选择教学媒体的一章中提出了九大原则：

（1）我们可以使用任何媒体学习

（2）我们向经验学习，靠感觉学习，媒体派不上用场。

（3）我们从媒体或直接经验中不自觉的学习。

（4）没有一种人人适用、处处适用的“全能媒体”。

（5）有一种或一组媒体与直接经验对某种教学工作来说，会比别的媒体更有效。

（6）教课包括先后顺序，需多种媒体来配合。

（7）混合使用媒体比只用一种媒体的学习效果好。

（8）混合使用媒体来配合教学工作。这种配合十分复杂，很难做到理想。

（9）将媒体与教学次序作最适当的配合，实际上困难很大，即使能加以克服，也不知应如何进行。

从以上学者及专家的分析得出，混合式学习中非常重要的一点就是信息传递媒体的优化组合，根据对媒体特性、开发成本、现状条件及绩效特性等来选择组合媒体，从而为学习者创造良好的学习环境，促进学生深度学习能力及高级思维能力的发展，在基于混合式学习的混合式网络课堂教学中，媒体选择的正确与否关系到教学的成败。

（三）活动理论

活动理论（Activity Theory）是研究在特定社会文化和历史背景下人的行为活动的理论，其基本思想是：人类的行为活动是人与形成社会和物理环境的事物以及社会和 物理环境所造就的事物之间的双向交互的过程。人的意识与行为是辩证的统一体。换言之，人的心理发展与人的外部行为活动是辩证统一的。人的心理发展既不产生在活动之前，也不脱离活动而存在，而是产生于外部实践活动之中。

活动理论中分析的基本单位是活动。活动系统包含有三个核心成分（主体、客体和共同体）和3个次要成分（工具、规则和劳动分工）。次要成分又构成了核心成分之间的联系。

1. 主体

在教学设计中，主体即为学生，是教学设计的执行者。活动理论中对主体的分析也 就是学习者分析，应调查学习者具有的认知水平，情感、技能水平等特征。对学习者分 析有利于教学设计中给出合理的教学目标，组织更有效的教学活动等，是后继工作的保 障。在基于混合式学习的混合式网络课堂教学中，必须充分发挥学生的主体地位，这样才有可能保障混合式网络课堂教学的顺利进行。

2. 客体

教学设计中，客体即教学目标，或学习目的，是主体通过一定的活动受到影响改变的东西。客体的分析与设计方向根据主体的情况因人而异，另一方面又要达到一定的要 求，所以客体既具有主观性，又具有客观性。教学过程中的教学目标分析与准确定位，也是混合式网络课堂教学顺利进行的前提。

3. 共同体

在教学设计中，活动理论的共同体指除学习者自身外其他共同学习者。教师及其他工作人员等。这里的共同体是指与学习者共同完成学习过程的参与者。共同体在整个过程中起重要作用，有时为引导，有时为参与，在进行学习活动过程中，共同体不断影响主体，为主体提供所需的资源或资助，所以活动有时个体，有时属于共同体。只有同时发挥学生的主体作用和教师的主导作用，基于混合式学习的混合式网络课堂教学才能有效地开展，才能达到所大纲所要求的教学目标。

4. 工具

活动理论中的工具在教学设计中可以理解为教学环境，包含教学过程中使用的硬件与软件的设计。活动理论认为人类活动是离不开工具的，学习也一样。笔墨纸砚是古代学习必备工具，现代的教材、计算机等，这些是学习需要的硬件。而和谐的同学关系、愉悦的心情、良好的网络等都是软件工具。良好的教学环境设计可以使学习事半功倍。在基于混合式学习的混合式网络课堂教学中，把一切的工具统一起来，有效的、最优化的使用这些工具，混合式网络课堂教学的目标实现才具有可能性。

5. 规则

规则是用来协调主体与客体的，是教学活动过程中的一种制约。比如，大多数情况下，学生要听从老师的安排，老师与学生互动时，二者必须保持某种关系，参加角色扮演时，参与者必须遵守对角色的安排等。在基于混合式学习的混合式网络课堂教学设计中，规则为教学的正常开展提供了有力的保障。

6. 劳动分工

在教学过程中，不同的成员在教学过程中都要完成不同的任务。教师是教者，学生为学习者，教育技术人员做辅导人员。在活动理论中，完成活动过程是需要不同成员完成不同任务，以使活动可以正常进行下去，在教学中也一样，虽然根据教学需要，有些角色某些时候会发生变化，但每个人都要完成自己应该完成的任务，否则教学将不能良性地进行下去。在基于混合式学习的混合式网络课堂教学中，必须分工明确，任务清晰，这样的情况下，才能为教学的顺利开展提供切实的保障。

活动理论有五大原则，在混合式学习中，只有遵循这五项原则，学习者学习的效果才能更加明显。这五项原则是以目标为导向、具有层级结构、内化和外化结合、具有工 具中介和发展原则。

（1）以目标为导向是指活动是指向目标的，无论采用什么样的活动形式，什么样的活动过程，他的目标是一定得。列昂捷夫认为活动反映的是学习主体的需要，当学习者满足了学习需要，目标也就达到了。在教学活动中，目标可以改变形式，但不能改变 其性质，也就是教学目标在教学过程中应该是确定的。

（2）活动理论具有层级的结构形式，列昂杰夫认为活动存在三个等级：活动、行动和操作。操作是在活动中的动作单位，具有较小的目标性，是比较低级的活动层次。行动则是在一系列操作下的活动单元，行动完成一个比操作更大的目标，更靠近一个活动。

（3）活动是最高层次的结构，活动的目标是固定的，行动用以完成活动。活动的形式是多种多样的，对应的行动也是更加复杂的，但目标是相对于时间，地点与学习者，学习目标是不变的。

（4）内化和外化是指活动对人的影响的两个方面。内化是将活动中的知识、技能、理论等内化到人的头脑之中，是学习者对外在世界认识的改变。外化则是因内化而改变 学习者行为，改变学习者行为方式的表现。在活动理论中，活动由内化转向外化，由外化再影响内化的一个过程。外化与内化相互影响，相互作用。活动理论需要工具中介的介入。

（5）活动理论使用大量的工具，有基于人类文化的，如符号、语言等，也有物理的活动工具，如机器、自然环境等。这些工具是活动理论的基础。对于网络学习，网络教学平台也成为活动学习的基础工具，以活动理论为指导，利用合适的网络平台必将成为网络教育的一个新亮点。发展是活动理论的要求，是对学习者的基本意义。

活动理论中关键的一点是内在和外在是融合的、统一的。活动理论的内在在于理论本身的精神，是教学设计中灵魂所在，而其外在的表现形式，是活动形式的表现，网络发展、硬件技术的成熟，已使我们生活处处体现网络的优势，新时代的教育已向个性化、终身化方向延伸，让活动理论的灵魂与网络的形式结合起来，这必将促进教育的改革和进一步的向前发展，这也对每位教师提出了新的挑战。

三　混合式网络课堂的应用模式

1. 技能驱动模式

技能驱动模式（Skill-Driven Model）是将自定步调的自主学习同教师的在线指导相结合。在这种模式中，学习者同教师之间主要通过电子邮件、论坛与自定步调的学习者进行交互。自定步调的学习同培训者的指导结合在一起，是一种有效的混合学习模式，它能有利于消除学习者的孤独感，促使学习者圆满完成自定步调的学习。适合于知识型或应用型内容。

2. 态度驱动模式

态度驱动模式（Attitude -Driven Model）是传统的课堂学习和在线协作学习的结合。这种模式是通过面对面方式先把协作学习中的内容、属性以及期望成果以及如何通过网络技术进行协作的有关事项向学习者交代。这种模式是要求学习者在无须冒险的环境中，利用在线协作的方式尝试学习某种新的行为。用于教授需要学习者在无风险环境下尝试新行为的内容。

3. 能力驱动模式

能力驱动模式（Competency-Driven Model）是将学习支持工具和知识管理资源及讲师指导相互结合培养提高学习者的实际操作能力，学习者与教师共同活动并通过在线方式进行互动以获取隐性知识。这种隐性知识的获得，主要通过在工作中对教师的观察和同教师的交流，因此，这种模式包括学习者与教师实时共同活动，并通过在线交流工具进行交流互动，从中获取隐性知识，促进隐性知识转变为显性知识。

4. Barnum和Paarmann模式

这种模式有四个阶段：

（1）以Web为基础的传输。将学习材料放到Web上，学习者根据他们的需要随时进入Web页浏览这些材料。页面上包括教师的联系信息，如果学习者遇到问题或者他们想深入探讨，可以随时联系相关教师。这种方式能够培养学生自己动手的能力。

（2）面面交流。虽然Web的作用很大，但是人都是生活在社会中，彼此之间的交流仍然非常必要，它有利于加强彼此间的深入理解，当然也包括学生，缺少交流将不利于加强彼此间的深入理解，而面对面的交流弥补了这一不足，而且这是一个知识建构的过程。

（3）产品的形成。仅仅以上的两个步骤是不够的，学习者还需要通过自己建构起来的知识，创造性的形成自己的东西，在分享知识的过程中创造出一定的产品，并通过网络把这些一定的产品发布在网上、发送给教师和同学，让他们分享的同时，找出自己的不足之处。

（4）协作扩展学习。这是一个扩展知识的过程，在这一过程中，学生得到了课堂之外的知识。学习者根据要求分成小组，交流彼此的经历、感想与心得，在其他的时间内，小组成员可以在网络上或发送邮件保持联系。

在现实的教学中，教师根据具体情况具体分析，结合自己的实践经验，设计实施适合学习者学习的混合式学习模式。

四、　混合式网络课堂的环境支持

建构主义学习环境具有真实学习情景、合作学习、注重问题解决等特色，所有的学习环境都依赖于技术，以使环境易于操作，计算机以及相关技术在建构主义学习的实现过程中发挥着举足轻重的作用。混合式网络课堂是利用网络在线教学的优势来增强学生的学习效果。因此，建构混合式网络课堂学习环境包括如下基本要素：

1. 构建网络平台。在网络技术、虚拟化高度发展的今天，教学网络平台的搭建应与教学内容深度融合，创造学习的网络环境。首先建立起教学资源库，将教学内容碎片化，以知识单元为单位，例如微视频的视频库，构建起网络平台的素材资源库。其次，设计教学网络平台的结构框架。将整个教学过程设计成：教学目标、教学过程、课后跟踪服务等几个环节。每个环节设计为一个模板，每个模板要实现网上教学互动与学员互动。最后，完善软硬件基础设施建设，给予资源服务网络的技术支持，使学员可在家中、上班路上、休闲场所等场所都可以随时登录资源服务平台开展自主学习。

2. 建立学习内容技术支持。网络学习的一大弊端是师生之间缺乏交互与沟通，学生面对枯燥的课本内容，会产生焦躁、乏味、孤独的心理。针对不容忽视的现实问题，必须对学生的学习形式进行创新。“美国心理学家马腾斯（Martens）指出可以在印刷教材和电子教材中采用内置的支持设计来解决这些问题。”例如，可采取纸质教材内置二维码的形式。将每个章节的内容设计成一个二维码，对应网络资源平台上相应的视频、题库等。另外，还可以附加与课程内容相关的扩展、补充的学习资源。

3. 提供个性化服务。学习环境中，学习者是学习的主体，但并没有无视教师的指导作用，任何学习环境中，都存在控制、管理、帮助和指导的职责。教师在学习环境中确定学习任务，组织学习活动，提供帮助和指导，引导学生正确使用认知工具。教师是教学过程的组织者、指导者、意义建构的帮助者和促进者，可以通过跟踪学习者平时网上学习行为，掌握他们的学习情况、思想状况等，结合个人的年龄、兴趣、职业等个性化特点，对其进行数据挖掘和分析，制定个性化的“学习包”，并且设计“点餐式”的学习推荐服务，使学生可以有针对性、多方面、多角度地进行学习，适合学习者个别特征的自主学习，要在学习过程中充分发挥学生的主动性，要能体现出学生的首创精神，让学生有多种机会在不同情景下应用他们所学到的知识（将知识外化），由学生根据自身行动的反馈信息来形成对客观事物的认识和解决实际问题的方案（实现自我反馈）。

五、 混合式网络课堂中教师技能的新要求

混合式网络课堂改变了传统课堂的“以教学为中心”，强调“主导——主体相结合”，因此对教师的教学也提出了新的要求，既要关注“如何教”，更要关注“如何促进学”。教师可以从以下几个方面提升促进学生学习的技能。

1. 促进学生深度学习。在混合式网络课堂中，通过不同学习方式的融合，采用多种媒体资源的优化设计和各种教学策略的使用，创设丰富的情境，激发学生积极的情感体验，促进学生的知识建构，引起学生的高级思维和认知，形成对知识的理解和迁移，从而能够解决实际问题实现深度学习。

2. 促进有效交互。在线学习中，教师的参与对有效交互仍然非常重要，学生仍不能摆脱对教师的依赖。首先，教师在交互过程中要注入情感因素，即使是在线交流也要体现亲和力。其次，对于学生提出的问题或疑问要及时反馈。再次，教师要在学习者不同的学习阶段提供不同交互策略。最后在混合式网络课堂中在线交互要与课堂交流结合起来。

3. 学习过程管理。在线学习中，教学是教师要在充分满足学生个性需求的基础上，促进学生完成深度学习的过程，对教师的监控技能提出了许多新的要求，如教师要能够熟练使用网络平台，借助平台提供的学生数据统计信息对学生的学习过程进行监控，跟踪学生的学习记录。在混合式网络课堂环境下，教学测评不应该只局限于考试，应该从关注考试转变为关注学生的成长，从关注结果转变为关注过程，对学生进行发展性评价。

4. 学习环境设计。在混合式网络课堂中，教师不仅要为学生创设在传统校园中的校园文化，还应该注意学生在网络环境下学习的虚拟文化氛围。网络环境下的虚拟校园文化建设主要是指网上学习社区学习文化的构建，要创造自由、平等的交往环境。混合式网络课堂的在线教学主要依托

网络课程平台和学习资源，教师在使用网络课程平台之前要对其功能有系统性的规划，发挥平台的个性化定制功能，使网络课程满足不同的需求。

第四节　混合式网络课堂的教学过程设计

任何成功的教学方式都要经过科学的设计，混合式网络课堂当然也不例外。信息环境下混合式网络课堂的主要特点，就是在教学过程中，以教师为主导，以学生为主体，始终关注两者的自主性和创造性，以传统教学和网络学习为基本教学形式，根据教与学的实际进行教学设计，开展教学活动。本文按照实施过程将其分为分析学生特征、确定学习目标、选择媒体和通道、实施学习活动、促进知识迁移、评价学习结果六个环节，并依据混合学习的教学设计理论对这六个环节加以论述，旨在为解决具体教学问题提供一点可借鉴之处。

一、　分析学生特征

进行学生特征分析，目的是为了了解学生的学习准备和学习风格，以便为后续的教学设计提供依据，对学习者的特征分析主要从四个方面进行：

1. 了解学生的一般特征，主要指学生的心理、生理和社会特点。由于学生的一般特征是同龄人所固有的，所以易于为教师所了解。

2. 了解学生的学习起始能力，主要是了解学生对学科内容已经具备了哪些有关知识与技能，以及学生的信息技术能力和对学科的学习态度。教师教学之前，必须明确学习者原有的学习准备情况，并以此来确定教学起点。

3. 了解学生的学习风格，主要指对学生感知不同刺激，并对不同刺激做出反应这两个方面产生影响的所有心理特征，由于学习风格比较难测量，而且测量起来比较烦琐，为节省学科教学时间，教师可根据平时教学中对学生的了解来粗略分析。

4. 了解学生的学习认知结构。认知结构是指学习者大脑中按一定组织结构存储的关于某个特定学科领域的知识与经验。原有的认知结构是影响新的意义学习与保持的关键因素，即有意义学习的发生与习得意义的保持皆取决于认知结构的状况，随学习者的认知结构而变化。

了解了学生的一般特征、学习起始能力、学习风格和认知结构，教师就可以据此确立学习目标、设计网上信息的传递内容、选择媒体和传递通道、决定课堂授课和网络学习的策略等等。

二、 确定学习目标

（一）分析学习需要

要进行教学目标设计，必须先进行学习需要分析。学习需要分析的核心就是发现问题，分析问题的性质以论证解决问题的可能性。教学目标的确立如没有建立在学习需要分析的基础上，后续工作将难免陷入盲目与无效的忙碌中。学习需要分析包括自我需要分析和社会需要分析：自我需要分析主要是对学习者的需要（即学习者的现状与期望之间存在的差距）进行分析，即用已经确定的教学目标（期望状态）与学习者的学习现状做比较，找出两者之间存在的差距，从而鉴别出学习需要；社会需要分析主要是指根据职业的要求来确定对学习者的期望值，以此来衡量学习者的学习状态，找出差距，从而确定学习需要。在职业教育中，由于企业设备更新，对操作工人及技术人员提出新岗位技能的要求等问题，职业教育尤其需要社会需要分析。

（二）确定学习目标

学习目标是对学生通过学习后应该表现出来的可见行为的具体的、明确的表述。国内的研究者对学习目标主要从认知领域、动作技能领域、情感领域进行了分类。根据系统论的观点，学习目标是一个系统，它由学习目的决定，包括课程目标、单元目标和课时目标三个层次。但是由于职业学校的学生的学习基础和学习能力存在差异，因此学习目标的设计必须具有一定的灵活性。学生可以在教师的指导下，根据自己的个体特征，制定出灵活而富有弹性的多层次的学习目标，这种目标一般可分为三个层次：

1. 初等学习目标：符合教学大纲所提出的最低要求，可以达到合格水平，是学习能力较弱的学生应能够达到的目标。

2. 中等学习目标：符合教学大纲所提出的各种基本要求，可以达到中等以上水平，是学习能力中等的学生应能达到、并鼓励学习能力较弱的学生者能达到的目标。

3. 高等学习目标：符合或超出教学大纲所提出的最高要求，可以达到优秀水平，它是学习能力较强的学生能够达到、并鼓励学习能力中等的学生达到的目标。

最后，根据教学目标确定和分析教学内容的范围、深度和揭示教学内容各组成成分的联系，为下一步教学顺序、教学方式和教学策略的安排奠定基础。

三、　选择媒体和通道

教学媒体和通道沟通了学与教，起了桥梁和纽带的作用，为了达到预期的教学目标，需要进行媒体和通道的选择。

（一）选择媒体

教育传播媒体是指在教育中传播信息的方式，包括各种教育、教学材料，包括书本形态的，如印刷教科书、教学指导书、习题集、实验实习指南等，和非书形态的，如教学幻灯片、电影片、录音带、录像带、计算机软件、计算机等。要进行教学，采用什么信息传递方式即选择哪一种或哪几种媒体的组合才最为合适、最为有效呢，这就是媒体的选择和运用问题。教学媒体是直接加入教学活动，在教学活动中传输信息的手段。它沟通教与学两个方面，其性能对教学的效果和效率影响很大。

媒体的选择应遵守以下三个原则：

1. 选择的媒体能准确地呈现信息内容。由于各门学科的性质不同，适用的教学媒体也有所区别；同一学科内各章节内容不同，对教学媒体也有不同要求。

2. 选用的媒体是容易被接受和理解的。选用的媒体要符合学习者的经验与知识水平的，容易被接受和理解的，职业学校学生的概括和抽象的能力发展了，感知的经验也逐渐丰富起来，注意力持续集中的时间延长，为他们选用的媒体就可以广泛一些，传递的内容则增多了分析、综合、抽象、概括，增加了理性认识的分量，重点应放在揭示事物的内在规律上，同一种媒体连续使用的时间也可长些。另外，在两种效果接近的媒体中，也可适当考虑学生的习惯和爱好。

3. 选用的媒体是代价少且效果好的。选用的媒体是容易取得的，所需付出的代价较少，而能取得较好的传播效果。依据这些原则，教师应在分析教育信息和教育对象的基础上，首先在现有的媒体中去选择合适的，其次是去购置，最后是自行设计和编制新的教育传播媒体。教学中能否选用某种教学媒体，还要看当时当地的具体条件，其中包括资源状况、经济能力、师生技能、使用环境及管理水平等因素。

（二）选择通道

教育媒体通过教育传播通道传送出信号，要选择通道主要考虑两个问题：

1. 信号的交互性。如传统课堂教学中，录像、投影、幻灯等均为单向传输，教学对象是几十至几百人；至于网络学习，则要考虑信号的交互性，不仅有教师和学生之间的交互，还有学生与学生之间的交互。因此，要根据信号的传送要求，选好传送通道，保证信号的传送质量。

2. 信息内容的先后传送顺序问题。在课堂教学中，每一节课（从开始至结束，何时用教师的口头媒体，何时用幻灯媒体，何时用电视媒体，何时用计算机媒体等）都有其特定的教学结构。在网络学习中，无论是教案课件传递，还是探究问题的发布，还是合作学习任务的安排，还是学习结果的展示，也有一个先后顺序。因此，在通道传送前，教师必须做好每一次传送的结构设计，在通道传送时，有步骤地按照教学结构方案去传送信号。通道传送应尽量减少各种干扰，确保传送信号的质量。

显然，影响媒体和通道选择的因素十分复杂，而忽略其中任何一种因素都可能影响教学设计的效果。但每次选择时如对所有因素都面面俱到地加以考虑，不仅耗费大量的时间，事实上也是很难做到的。因为制约媒体和通道选择的各种因素间的关系有时是相互抵触的，很难统一在同一个选择目标上。我们一般地采用先考虑重要因素，后考虑次要因素的方法，必要的时候，有些次要因素甚至可以忽略。通常认为，学习任务和学习者是最重要的因素，在条件允许的情况下要优先考虑。

四、　实施学习活动

分析了学生特征，确定了学习目标，并进行了媒体和通道的选择之后，接下来我们就应该实施混合式网络课堂教学活动了。

（一）混合式网络课堂的策略分析与设计

在混合式网络课堂教学活动中，课堂教学和在线学习的混合是最基本的形式。这里既包括在课堂上的教师讲授和课堂在线学习的指导相混合，又包括课堂讲授和学生课前、课后在线学习相混合。这种混合发生在教学资源和教学环境的混合基础之上，既可以很好地发挥以教为主的教学模式的优点，同时又能体现以学为主的教学模式的优势；既能体现老师的主导作用，又能体现学生的主体地位，使学生在教师的指导、帮助下积极主动地探究学习，完成意义建构。教师要善于把握和利用课堂和网络教学中的积极因素，避免和消除消极因素的影响，为建立新型教学关系发挥应有的作用。在课堂教学和学生在线学习的混合教学中，何时混合、如何混合是成败的关键，教师扮演着重要的角色。

1. 根据教学内容和学生认知结构选择、安排学习策略

根据加涅关于学习结果的分类理论，不同类型的知识其发生学习的内外部条件是不相同的，因此应根据不同的知识类型采取不同的学习策略。目前关于知识类型的划分主要有“良构”与“非良构”两大类。课堂教学以教师为主导，一般由教师对教学的各个环节进行全程控制，能够做到教学设计对症下药、精细严密，教学实施循序渐进又灵活机动，教学目标明确且不易偏离轨道，在学习内容方面，通过课堂教学传授入门知识、概念性和程序性知识（尤其是逻辑性较强、有一定思维深度的程序性知识）等良构类型的知识具有显著优势。那些复杂和具有非良性结构的知识，由于具有较大的认知弹性，则可以通过网络学习使学生通过自主探究，内化为自己的理解，并且可以找出入门阶段学习所存在的误解与偏见，经过协商，有必要时还可以修正和抛弃，真正实现学生的意义建构。

2. 在课堂教学中穿插渗透在线学习，是混合式网络课堂的基本形式

改变以往传统课堂教学中教师一言堂、满堂灌的状况，教师利用各种教学媒体（传统教具或电子手段）技术，建设演示类教学资源，通过创设适合课程内容的教学情境激发学生的学习兴趣；以教材为基础，配以生动形象的教学课件，引导学生发现并接受系统的科学知识。学生则可以通过回答问题、课堂演示、作业和测评等方式与教师进行互动。这样，课堂教学发生在一个面对面实时交流的学习环境中，由教师对整个课堂教学进行了全程控制，使得教学目标明确且不易偏离轨道，但同时也营造了浓郁、积极和善学的学习氛围，创造了以教师、学生为主体的小社会环境，而且这一环境是按照人的身心发展的特殊需要组织起来的可控环境，对促进学生个体的社会化能够起到更积极的影响。

3. 使网络学习成为课堂教学的前期准备和延续，是混合式网络课堂的关键

网络学习是课堂教学的前期准备。因材施教是优化教学过程的重要目标之一，但由于学生个体之间差异很大，要在传统印刷教材中同时满足基

础较差学生、一般学生和优秀学生对教学内容的不同需求是不可能的，而在多媒体电子教科书中却是轻而易举的事情。学生的学习能力包括学生的基础知识、学习经历、自学能力和知识获得的能力等。学生的基础知识参差不齐，学习经历不可能相同、自学能力也有大有小，所有这些因素影响了学生知识获得的能力，也决定了其学习的成绩。混合式网络课堂的教学设计中应考虑这些因素。在教学之初，可以通过各种方式，了解学生的基础知识，然后有针对性地在教师提供的网络资料库中，放置与课程相关的基础课内容。对于优秀学生，教师可以按学生的知识基础与求知需求，在资料库中为其放置与课程相关的较深、较宽内容，甚至是把相关学科的预备知识及开阔视野所需要的扩展知识组成有机的整体。通过基于网络的信息传递，既可以鼓励差生在网络中寻找相关知识，补充自己的不足，锻炼和提高获得知识的能力，又可以解决优等生吃不饱的问题，真正实现了教学中的因材施教。

网络学习是课堂教学的延续。说网络学习是课堂教学的延续，其含义有二：一是根据21世纪创新人才培养的需要，如果说课堂教学有利于学生对系统知识技能的学习掌握，是打好各学科知识基础的根本，是传递人类长期积累的宝贵知识经验的有效途径，那么网络学习则是培养学习者创新意识、创新思维和创新能力的最优化选择。网络技术本身就是创新的产物。在网络学习中，学生通过自主选择学习内容，参与讨论，自我测评，模拟实验，在主动获取知识的同时，培养了发现问题、分析问题、解决问题的能力。学生从传统教学的束缚中解放出来，由被动变主动，由接受变获取，调动了主观能动性，大大提高了学习的积极性，为想象力的发挥提供了动力。只有二者的完美结合，才能培养出21世纪的新型人才。二是如果说在课堂教学中，学生以千人一面的“群”的形式而存在使得“因材施教”这一重要的教学原则往往难以全面彻底地落实的话，那么网络学习则是可以实现一种以学生为中心的“异性教学”，能够较好地弥补传统课堂教学无力解决学生个别差异问题的先天缺陷。即：在课堂教学基础上（可以在课后，也可以在课堂上），学生可以根据自己的实际情况，通过网络课件中的教学信息以及其他相关的媒体资源，有针对地进行补习、复习、巩固、强化训练和小组协作等各种学习活动，从而及时解决在集体授课时遇到的问题，实现真正的有指导的个别化学习。

（二）混合式网络课堂的策略选择与运用

在混合式网络课堂教学过程中，无论是课堂教学还是网络学习，都存在一个学习策略的选择和运用问题，下面我们重点讨论一下混合学习中常用的几种学习策略。

1. 先行组织者策略的选择和运用

先行组织者策略是奥苏贝尔的意义学习理论的一个重要组成部分，所谓先行组织者是指安排在学习任务之前呈现给学习者的引导性材料，它比学习任务具有更高一层的抽象性和包括性。提供先行组织者的目的就是用先前学过的材料去解释、整合和联系当前学习任务中的材料。先行组织者是改进认知结构和促进新知识保持的主要手段，是课堂教学的主要策略。根据中等职业学校学生学习的特点，先行组织者策略可按如下步骤进行运用：

（1）呈现先行组织者。首先使用适当的语言文字或者用多种媒体引导学习者对与当前学习内容有关的基础知识进行回忆和总结，使学习者对认知结构中与当前所学内容具有某种联系的原有知识和经验形成一个清晰的认识。

（2）呈现学习任务和材料。呈现学习任务，然后利用多种媒体或教师的语言表述呈现学习材料，使学习材料的逻辑顺序外显化，使知识结构显而易见。

（3）扩充与完善认知结构。根据三类（上位组织者、下位组织者、并列组织者）不同的先行组织者，选择渐进分化、逐级归纳或整合协调三种不同的组织策略来揭示新旧知识之间的联系，促进积极的接受型学习。

2. 自主学习策略的选择与运用

混合式网络课堂教学中的自主学习指传统教学中的个人查阅、访谈、调查等自主学习和学生在网络中的自主检索、获取、处理信息等在线学习，学生自主学习可以发生在课堂教学前的基于网络的信息传递中，也可以发生在课堂教学后的网络学习和交流中。针对传统教学的弊端，在自主学习理论指导下，结合职业学校实际情况，学生可选择的自主学习策略包括以下几种：

（1）支架式教学是学生围绕事先确定的学习主题建立一个相关的概念框架。框架的建立应遵循维果斯基的“最邻近发展区”理论，即从每个学生当前的智力水平出发，逐步将学生引向最邻近的较高层次的智力水平。

且要因人而异（每个学生的最邻近发展区并不相同），以便通过概念框架把学生的智力发展从一个水平引导到另一个更高的水平，就像沿着脚手架那样一步步向上攀升。

（2）抛锚式教学是根据事先确定的学习主题在相关的实际情境中去选定某个典型的真实事件或真实问题（“抛锚”），然后围绕该问题展开进一步的学习。对给定问题进行假设，通过查询各种信息资料和逻辑推理对假设进行论证，根据论证的结果制定解决问题的行动计划，实施该计划并根据实施过程中的反馈，补充和完善原有认识。

（3）随机进入式教学是要创设能从不同侧面、不同角度表现学习主题的多种情境，以便供学生在自主探索过程中随意进入其中任一种情境去学习。

3. 协作学习策略的选择与运用

协作学习指的是传统教学环境下的小组讨论、交流合作和基于网络的在线主题交流探究活动的合作。小组协作活动中的个体可以将其在学习过程中探索、发现的信息和学习材料与小组中的其他成员共享，甚至可以同其他组或全班同学共享。在此过程中，学生之间为了达到小组的学习目标，个体之间可以用对话、商讨和争论等形式对问题进行充分论证，以期获得达到学习目标的最佳途径。学生学习中的协作活动有利于发展学生个体的思维能力，增强学生个体之间的沟通能力及对学生个体之间差异的包容能力。此外，协作学习对于提高学生的学习业绩、形成学生的批判性思维与创新性思维、对待学习内容与学校的乐观态度、小组个体之间及其与社会成员的交流沟通能力、自尊心与个体间相互尊重关系的处理能力等都有明显的积极作用。它既可以应用于面对面课堂教学中，也可以应用于网络学习中。针对中等职业学校教学的特点，协作学习策略可按如下步骤进行运用：

（1）分析协作学习目标。根据教学及学生个体发展的需要，确定学习的目标。协作学习的目标是系统性的，一般将协作学习的总体目标分解为许多子目标。子目标与具体的学习内容密切相关，子目标的确定及解决对总体目标的实现至关重要。

（2）确定协作学习内容。在一个特定的协作学习环境中，协作学习伙伴共同面对不同类型的学习任务。根据对学习任务的分析，学生面临的学习任务主要分为三类，即概念学习、问题解决和设计。在这三种学习任务中，概念学习的性质是基于事实的，其他两种任务的性质是基于分析和综合的。对学习任务的这种划分提供了对学习任务进行分析的清晰思路。

（3）确定协作学习结构。小组的基本结构可以采取异质型，即将不同学习能力的学生分配到一个小组内。同时，在班级中应该设计协作交互活动的技巧和建立协作学习小组的方法。对每个学生来讲，需要学会如何倾听其他同学的谈话、分析并弄清楚他们讲话的意思，学会如何相互激励、如何提出问题、如何动态地监视与修改问题、如何有效地进行通信、交流等。

（4）创设协作学习情境。良好的协作学习情境有利于提高协作学习的效果与效率。协作学习是在一定的情境中进行的。作为协作学习的指导者与帮助者——辅导教师，需要根据协作学习的目标与任务及其协作学习成员的个性特征创设一定的情境。

协作学习情境的设计主要包括由学习的主题确定协作学习的目标、参加协作学习的人数、所依据的学习理论、协作学习系统的性能等。

（5）设计协作学习活动。设计协作学习活是协作学习的主要组成部分。协作学习活动主要围绕学习内容开展，并根据学习内容的不同采用不同的活动方式。建构主义的几种教学模式，如“支架式教学”“抛锚式教学”“随机进式入教学”“情境式教学”“织网式教学”等也可以应用到设计协作学习活动中。

五、　促进知识迁移

心理学家认为，知识的运用实际上就是人们运用自己已有的知识解决问题的过程，如果人们能够顺利地使问题得到解决，那么实质上就实现了知识迁移。知识运用是知识掌握的最后一个环节，知识迁移是知识学习的最终目的，因此心理学中知识运用和知识迁移属于同一性质的问题。尤其对于以能力为本位的中等职业教育来说，培养实用型、技能型人才更需注重促进学生的知识迁移，加强对学生知识运用能力的培养。

知识运用的形式可分为课堂运用和实际运用两种。其中课堂提问、讨论、练习、作业等都属于课堂运用，这在传统教学中十分普遍。实际运用主要是将所学知识用于解决实际问题，使理论知识与实际相联系。这既可以激发学生的学习兴趣，又可以培养学生的实际动手能力。通过知识的实际运用，赋予知识以生命力，使学生与社会生活直接接触，大大提高了学生掌握技能的熟练程度，有利于增强学生对企业生产、管理的广泛适应性，便于其迅速就业和转岗。知识的实际运用可以是实验室实验，可以是校园内的模拟实训，也可以是企业的实习培训。其中实验室实验可以在课堂教学中随时穿插进行；模拟实训则是在校内实训室里以案例的方式配合着理论教学环节的进度按环节进行；企业实习培训则必须在学生系统掌握理论知识之后，要求学生在真实的专业岗位上以员工的身份动手实干，比较深刻地体会到理论与实践的关系，将理论理解彻底运用到实践中去。

六、　评价学习结果

教育评价是依据一定的教育目标，通过系统的收集和分析信息资料，对教育的价值做出判断，并对增值的途径进行探索的过程（这里的增值是指教育质量的提高和教育结果向教育目标的逼近）。通常教学评价包括形成性评价和总结性评价。形成性评价是指在教学过程中，通过对学生的表现，态度观察，利用提问或测验获得反馈，考察教学目标的完成情况，以修正、修改后来的教学活动而形成的评价，也称为学习中评定。形成性评价的数据都会在网络平台上有记录，是成为形成性评价的主要依据。形成性评价是对学生学习的过程性评价，可以帮助教师和学生随时了解之前教学和学习的情况，为之后的教与学提供参考。总结性评价又称终结性评价、事后评价，一般是在教学活动告一段落后，为了解教学活动的最终效果而进行的评价。学期末或学年末进行的各科考试、考核都属于这种评价，其目的是检验学生的学业是否最终达到了各科教学目标的要求。

混合式网络课堂的评价应以学生掌握知识的多少和以学习过程中获取的能力并重，既要有学生建构知识的评价，还要有学生建构知识过程的评价，即形成性评价和总结性评价，并将定性评价和定量评价相结合。评价方式主要有自我评价、互相评价及教师评价。

（一）自我评价

混合式网络课堂教学过程中的自我评价主要是指学生自己评价自己。学生通过经常性的自评，不断校准自己的学习行为与学习目标之间的差距，从而更快、更好地实现目标。学生自评还能充分调动他们的积极性，提高他们参与评价的热情，增强他们的主体意识。就本质上说，学生的自我评价属于形成性评价，而不是总结性评价。自我评价的过程是一个连续的循环往复的过程，它由自我观察、自我检查、自我评定和自我强化组成。每次评价的结果并不意味着评价过程的结束，而是在此基础之上，重新调整认识和行为，再次进入自我观察、自我检查、自我评定和自我强化。每次循环都意味着学习认识和知识水平上升到一个新的层次。

（二）互相评价

互相评价主要指协作者之间的互相评价。一个学生在与协作者共同完成一项学习任务的时候，他的学习态度、学习过程、学习任务的完成情况，也是他的协作者比较了解的。进行协作者间的互相评价，可以发挥协作者间的互相监督功能，同时也可调动学生的学习积极性，提高他们参与协作的助动力，加强学生协作沟通的能力，使其能更好地完成协作学习任务。这种互相评价以定性评价为主。

（三）教师评价

教师评价是以教学大纲为指导，对学生的学习过程、学习目的完成情况进行的以总结性评价为主，形成性评价为辅的评价。对学生的学习过程的评价可以采取观察法和学生电子文件夹法等，对于学生的学习结果的评价可以采取试卷法、作品法和实地考察法等。教师评价应以教学大纲为基础，使大多数学生的最后学习结果基本能达到教学大纲的要求；同时又要有超越教学大纲的部分，能针对部分学习能力强、学习内容已经超越教学大纲的学生进行适当的评价。

第五节　混合式网络课堂教学的优势分析

混合式网络课堂教学将课堂教学与网络学习的优势结合起来，是实现整合的有效途径，本节将在分析传统课堂教学与网络学习的优劣的基础上探讨如何通过混合式网络课堂教学来实现对传统课堂教学与网络学习的优势利用。

一、　传统课堂教学的优势与缺陷

在夸美钮斯创建班级授课制以前，学徒制的个别化教学一直是教育的基本形式，资本主义产业革命爆发后，班级授课制的课堂教学逐渐取代了个别教学，并在世界各国普遍推行并沿用至今，已成为学校教育活动的一种主要形式。

（一）传统课堂教学的优势

在当今教育进一步全民化的知识经济时代，课堂教学本身有着不可替代的优势，主要表现在：

1. 具有丰富成熟的理论体系和实践经验

以集体教学为形式的现代学校教育已经历了几百年的发展和检验，有着较为成熟的理论基础、完备的教材体系、丰富的教学实践经验和较强的可操作性，这种历史积淀下来的模式和成果自然是其他教育形式难以否定和替代的。

2. 可以实现人格与情感交流的真实互动

课堂教学建立在面对面对话关系的基础上，存在着潜在而真实的情感交流与人格互动。在课堂教学中，优秀教师能够注意情感的诱发、情感的反馈和情感的融入，以自身的独特人格魅力、富有个性的教学煽情语言和生动的形体语言来感染学生，使学生在学习知识的同时，领悟到书本以外的许多东西，体验到真实的人文关怀。学生的向师性使得学生乐于接受教师的教诲，希望得到教师的关注和鼓励，教师的治学态度、教学方法、人品才能和世界观等，在对学生产生潜移默化影响的同时，也会因学生的种种反应而得到不断的调整和完善。

课堂教学也是发生在师生之间、生生之间的社会活动，学校这一特殊的社会环境、班级这一特定的社会群体，为培养学生个体的集体意识、社会交往能力、竞争与合作能力及塑造完善人格提供了真实的环境，而且这一环境是按照人的身心发展的特殊需要组织起来的可控环境，对促进学生个体的社会化能够起到更积极的影响。哈佛大学的物理学教授马丁说：“哈佛的文凭不仅意味着通过一些考试，更重要的是哈佛校园氛围的熏陶，这是其他教育形式无法取代的。”

3. 可以全程控制教学目标

课堂教学以教师为主导，一般由教师对教学的设计、实施、反馈、调节等各环节进行全程控制，能够做到教学设计对症下药、精细严密，教学实施循序渐进又灵活机动，教学目标明确且不易偏离轨道。在学习内容方面，通过课堂教学传授入门知识、概念性和程序性知识（尤其是逻辑性较强、有一定思维深度的程序性知识）等良构类型的知识具有显著优势；在学习主体方面，课堂教学能够引导缺乏自主性、自控性的学生群体顺利达到教学目标，使学生整体上不会产生较重的无助感。

（二）传统课堂教学的缺陷

然而正像一切事物都存在两重性一样，课堂教学优点背后的不足，也在当今关注个性、倡导以人为本的时代背景下日益突显出来，课堂教学在其本质上存在着难以彻底弥补的缺陷。

1. 教学同步划一，不利于因材施教

在课堂教学中，统一的内容、统一的进度、统一的要求、统一的教学方式、统一的评价标准，这种毫无针对性而言的“一”统天下的局面，使得传统教学的世界中失去了因学生差异的存在而呈现出来的本真的丰富性和多元性。这样，在传统课堂授课中，因材施教就因为教师的无法视“个”的差异而永远成了一种令人向往却又无法实现的美好追求。课堂教学一般只能解决共性问题，而面对不可忽视的学生个别差异问题，人们往往对教师在处理该问题上的能力素质提出不切实际的期望或要求。事实上，在课堂教学中“保证教学效率”和“照顾每一个学生的个性特征”两者是很难兼顾的。我们可以采用减少班级人数、优化教学方法、投入更多精力等硬性提高教育成本的方式（而实际上这些措施都是相当理想化的），但对改变课堂教学的统一性来讲只不过是打了个擦边球，对解决学生个别差异问题整体上还是软弱无力的。学生客观存在的丰富的差异性没有被作为一种天然的宝贵的教学资源加以区别对待、有的放矢地进行充分开发利用，而是在教师预设的确定的、标准的所谓教案的束缚中埋没。因而“因材施教”这一重要的教学原则往往难以全面彻底的落实，促进学生个性的主动发展也只是一个美好追求而已。

2. 以教师为中心，不利于学生的意义建构和自主性培养

在传统的教学中，教师往往习惯了教师台上讲，学生台下听的单向性的师生作用方式，教师是教学的控制者，学生只能处于一种消极被动的地位，以教师的节奏来确定自己的进度和学习方式，学生整天忙于老师布置的各种任务，没有多少自由的时间自己来支配。这样，一方面使得学生的思维活动被约束在授课教师对知识意义的建构上，实现的是思维求同，而且对于那些更适合由学生自主内化、对知识意义进行主动建构当学习内容，过多的外部刺激（教师的灌输）反而是一种画蛇添足，甚至是剥夺了学生的意义建构的权利；另一方面，教师的中心地位使学生已经习惯并注重听讲的质量和技巧，在偶尔获得阅读教材、自我消化的短暂自由时，却可能表现出不求甚解的浮躁，学生对自主性的需要更像是叶公好龙。

3. 对教师素质的高度依赖

传统教育中，教师在教学中的作用更多地体现为他与学生比，对规定的必授知识技能要知之更多，知之更早，以真理的权威的身份居高临下地介入课堂的时空领域，这在很大程度上依赖教师个人的素质和能动性，而优秀的教师总是极少数的，如果教师缺乏能动性或素质不高，传统教育的优势就将消失；另外，课堂规模的大小也会直接影响到教学质量，如果课堂中学生超出100个，那么传统教育的优势同样也将面临考验。

二、 网络学习的优势与缺陷

网络学习的飞速发展和它对于教育体制改革的重要性，使得它在教育界占据了举足轻重的地位，但是随之而来的一些问题和负面影响也凸显出来，要想真正使网络学习的教育质量再上一个新台阶，就必须对它的优势和缺点有一个明确的认识。

（一）网络学习的优势

网络学习的合理运用将会从多个角度或层次对课堂教学提供有益补充和有力支持，即在学校教育背景下，网络学习不但能够辅助教师进行课堂教学，还能够在课堂教学之外（有时也可在课堂教学中），辅助学生对学科知识进行个性化学习、自主探究及合作学习等，弥补统一性教学的种种不足，对课堂教学形成有益补充。在中等职业教育中，它也能从一定程度上缓解职业学校教学所面临的问题。

1. 能够较好地解决学生个体差异问题

学生间的个体差异是客观且普遍存在的，从认知因素上讲主要包括：有智力水平、知识储备（认知结构）、学习策略、元认知能力（自我调控能力）、认知风格等的差异；从人格因素上讲主要包括：性别、性格、学习兴趣、学习动机、学习毅力等的差异，中职生毕业出路的差异性还导致认知需要的差异。此外，不同学生在学习活动中遇到的如缺课、走神等一些不确定因素，也会使学习质量低下，学习进度受到影响，出现学科薄弱环节，这在中等职业学校是尤为普遍的现象。因此，如果更现实、更细节地看，由于种种客观的和主观的、稳定的和不稳定的、可控的和不可控的等因素的存在，每个学生的学习进度和学习效果都是独一无二的，都与别人有着不同程度的差异。

由于网络学习在知识的获取上具有不受时空限制的特性，它可以跨越课堂的围墙，在知识表征上具有非线性的灵活结构和开放的资源空间，在辅助学习时具有自主、随机、可重复的优势，因而网络学习不但可以应用于课堂教学，还能够使学习发生在学校、家庭、社区等任何可以上网的地方，学生根据自身的学习进度、学习目标、学习兴趣和习惯，自定步调地浏览所需的教学信息，有针对地进行补习、复习、巩固、强化训练、自我测评、小组讨论等各种学习活动，从而及时解决在集体授课时遇到的问题，实现真正的有指导的个别化学习。

网络学习的上述种种分层指导功能，赋予了每个学生在学习的时空、内容、方式、数量等各方面的自主权和调控权，从学习结果上平衡了学生个体间的差异，为大面积因材施教提供了可能，这在传统课堂教学中，必然是教师力所不能及的。

2. 能为学业不良生提供支持性学习资源

在讲授式的课堂教学过程中，教师为了使教学得以顺利进行，通常只关注好学生，因为他们可以正确回答教师的提问，使教学得以往下进行。而学业不良生在回答教师的问题时一般要遇到困难或错误，教师如果要有针对性地进行个别辅导，就势必会影响教学进度，因此本应受到教师更多关注的学业不良生在教学过程中却往往被忽视。面对这种情况，网络学习不失为一个最好的选择。一个有着完整内容、良好结构和细致解析的学科网络学习课件系列，从一定程度上会成为课堂教学现场的历史记录和独特的模拟导师，而它的唾手可得也会带给学业不良生更多的安全感和便利感，为修补其不良的学业提供有力的支持。当然，对于认知能力较低的学业不良生，可把基于网络的学习与教师的支架式或点睛式指导结合起来，一方面能将教师从具体烦琐的重复讲授中解脱出来，将注意力从如何讲授转移到如何帮助每个学生克服学习困难上；另一方面使学生在受指导、被关怀的状态下，相对自主地补习，形成初步的成就感，并在此基础上逐渐培植其内在动机，提高学习主动性和参与度。

3. 能够培养学生积极参与、不断探索和善于合作的精神

网络学习使学生真正处于了中心地位，借助网络资源，学生可以在情境化学习中积极参与、不断探索求，并且学会与他人合作。丰富、开放性的网络资源既可以为学生发现问题创设条件，同时又可以为学生解决问题提供资源支持。多媒体化的网络资源信息能为他们提供图文并茂的学习资源，创设出真实的问题情境，有助于学生的探究学习。以超媒体和超链接

方式组织的网络信息有助于培养学生的发散思维，网络上丰富的信息资源大都按照超文本结构组织链接起来，这为学生的联想思维、发散思维和创造思维的孕育提供了基本条件。

交互性的网络环境和通讯平台能更有效的支持学生的自主探究和合作学习。网络技术的交互性既包括网上学习内容的交互性，也包括在虚拟的网络社区内人与人之间的社会性信息交互。学生与资源之间的交互性可以促进学生进行积极的思维活动，激发他们主动探究的积极性；社会性交互则充分体现了网络作为一种交流工具的优越性。借助论坛、聊天室、电子邮件、学习平台等网络工具可以突破时空界限，大大扩充了交流范围；学生积极参与到各种网络讨论活动中，并且可以采用分工合作、角色扮演等方式来进行培养学生的合作精神。

4. 能够为某些重点课程提供数字化学习资料解决师资少学生多的矛盾

在当今职业教育领域，许多职业学校非常重视突出办学特色、开发和培植骨干专业，以使自己在教育市场中独树一帜，谋求更好的发展。这些骨干专业，其良好的毕业出路和教学质量以及高含金量的职业资格证书，在每年招生报名时都倍受众多考生的青睐。然而由于名额限制，不少学生只能进入与骨干专业相关的其他专业。对于这部分学生，尤其是他们中有着更高认知需要和职业预期的学生来讲，刚性的专业框架使其缺少充分的学习条件和机会获取他所向往的资格证书。从解决这一问题的角度看，网络学习是一个适宜方案，尤其在专业师资力量仅能满足本专业教学需要而学习者群又较为庞大的情况下，为骨干专业重点课程开发学科网络学习课件更具有现实意义。它能有助于缩小不同专业学生在学习条件上的差距，为之创造较为公平、开阔的发展空间，较好地迎合各种层次的学习需求；同时，作为在正规专业教学与个人自学之间开辟的第三种学习形式，它又不会混淆专业界限，不会模糊专业特色，体现了弹性学制和办学模式。

（二）网络学习的缺陷

网络学习作为当今时代最先进的信息传播手段、方式和途径，虽然倍受欢迎，然而我们也认识到，同时它也是一柄双刃剑，往往会产生正负两种效应，任何一个具有迅速发展态势的事物，在人们还没有对它充分认识和做好准备时，它的快速发展容易像泡沫经济一样出现虚假繁荣。比如就有人曾断言“学校教育只是一个历史的产物”“网络教育将取代传统学校教育”等等。因此对于网络教学，我们也应该看到它的不足和缺陷。

1. 对学生的语言表达、抽象思维和思考能力的弱化

在网络教学中，所有数字运算由计算机来完成，学生的表达由键盘输入来代替，这大大降低了学生的运算能力、语言表达能力和文字书写能力；容易使青少年学生放弃自己以往对问题的独立思考，而转向机器去寻找问题的答案。抛弃自己以往身体力行的对象化活动，而转为对机器情有独钟。网络教学中逼真的虚拟现实，简略了形象思维与抽象思维在大脑中相互转化的过程，不利于学生的智力开发和想象力的开拓；网络教学中知识获得的虚拟，使得学生失去真实的生活，缺少现实感和判断力，其知识意义也就大打折扣。

网络信息的丰富多彩和快速传递，使学生点击不暇，造成学生追求速度的浮躁心理，无法静下心来专注于思考，或者说浅层思维多、深层思维少，学生往往在广泛的浏览过程中忽视了对知识的深入探究和理解。

2. 对学习者自主能力的高度依赖

网络因其便利性，迅捷性、丰富性特点，能够轻易打破学习者（尤其是自主能力较弱的人们）入定的心理状态，网络教学要求学生具备较强的自我控制能力，但由于现有的网络课程普遍缺乏有效的导航策略，因而学生置身其中，滋生对它的依赖，从而在有意识有目的对象化活动中放弃感性认识这一重要环节，这就进一步增加了提高学生自我控制能力的难度。长期以来，我们在应试教育的指挥棒下培养出的学生缺乏积极的探究精神，缺乏主动交往的意识，在信息污染和信息噪声的影响下，很可能达不到较好的学习效果。例如，对信息不会选择，照单全收；对信息选择不当，对信息不能进行正确处理等等。这种现象，对自主能力较差的学生的学习来说，几乎是致命的。

3. 不利于人格、品德、社会性的塑造

人是具有社会性的，教育除了传授知识技能外，另一重要功能就对学生健康人格、高尚品德及社会性的培养和塑造。而单纯的网络化教育，使得教师和学生之间互相分离，不利于学生品质、情感的培养，网络教学中即使用心良苦地嵌入了有人文关怀色彩的鼓励或鞭策设计，就目前的技术来讲，也往往具有很大的机械性，学生得不到真实的同步激励与情感交流，领略不到优秀教师的人格魅力。学生与他人之间的活生生的社会交往为机器所介入，他们容易把人与世界的直接关系，看作是人与机器的关

系。其机械性形式逻辑思维增强，而辩证逻辑思维却得不到培养。紧张、孤僻、冷漠等心理造成的新的情感真空也就会不可避免地出现，这点对人的成长发展，特别是青少年学生主观世界形成有很大影响。

4. 缺乏优质的网络课件

由于种种原因，现有的网络课件总是难以达到理论上描述的理想水平，一方面，网上教材的数量又急剧增长，鱼目混珠、良莠不齐的现象也屡见不鲜，从而导致教材整体质量下降。部分课程内容、形式与传统教学如出一辙，只把传统教材、教案直接搬到网上，并没有把以学生为主体、自主学习为理念的思想融入进去，导致学生产生厌学情绪。另一方面，网络教育的初期投入成本太高，网络资源库的建设，教学平台软件开发，网络教材的开发，都需要大量的资金注入。就目前来看，现有的网络教育并没有很好地发挥网络的潜在优势。教学落后于技术，正是我国当前的网络教育面临的尴尬境地。虽然从发展的眼光来看，假以时日，网络教育必然会冲破这种种虚弱的现实状态，但在目前的职业教育领域内，网络教学的先天不足却深刻地限制着教育质量的提高，比如对职业技能中的许多隐性知识、实践环节，仅靠网络学习本身就难以做出有效的教学设计。

三、 混合式网络课堂教学的优势

进入21世纪以后，随着因特网的普及和网络学习的发展，国际教育技术界在总结近十年网络教育实践经验的基础上，认识到网络化学习和传统教学各有其自身的局限性和优越性。课堂教学是学校教育的主阵地，教育信息化必须面向这个主阵地：即既要重视创新精神、创新能力的培养（网络学习今后仍要继续积极探索，但不能作为唯一模式），又要重视传统科学知识的传授与掌握（课堂面对面教学仍须坚持），网络学习和课堂教学这二者只有有机地结合起来，优势互补，才能获得最佳的学习效果。

在传统课堂教学中，教师凭借自己丰富的教学实践经验，利用各种教学媒体（传统教具或数字化手段），以教材为基础，将精心整理的知识传递给学生，学生可通过问答、作业、测评等方式向老师提供反馈。其优点在于：教师从有利于教学的角度安排整个教与学的过程，能有效地管理、控制教学中的其他要素如教材、媒体和学生等，教学目标清晰明确，使学生能在较短时间内系统地获得较多科学知识，大大提高了教学效率高，相对较低了教育成本；同时，课堂教学发生在一个面对面实时交流的学习环境中，能够自然营建出浓郁的学习氛围、融洽的师生关系和亲密的同学之情，为促进了学生个体的社会化创设了一个真实的环境。

而网络学习除了可以用来辅助教师的课堂教学，还可以实现因材施教，能够较好地弥补传统课堂教学无力解决学生个别差异问题的先天缺陷。即：在课堂教学基础上（可以在课后，也可以在课堂上），学生能够在学校、家庭、社区等任何可以上网的地方，根据自身的学习进度、学习目标、学习兴趣和学习习惯，自主地获取网络中的教学信息及其他相关的媒体资源，有针对地进行补习、复习、巩固、强化训练、自我测评和小组讨论等各种学习活动，从而及时解决在集体授课时遇到的问题，实现真正的有指导的个别化学习。教师不用担心学生是否已经在课堂上掌握了每个概念，因为学生可以把这种基于网络的教育带回家，学习可以发生在教室外。在这一模式中，学生处于具体学习活动的中心，教师则处于教学活动的制高点，教师能对学习过程中的各要素进行不同程度的控制，如：直接参与网络课件的设计和更新、间接或直接地对学生的学习活动进行指导或调控等。学生处于开放互动的学习环境下，又拥有大量经过教师优化设计的学习资源，与其他的学习活动相比，更突出学习的特征。

网络学习和传统课堂教学的互补融合，可以是时空上的统一，也可以是时空上的分离，在通往学习目标圆满实现的道路上，两者都是不可或缺的，它们的交错结合或有机融合，将使学习过程中的各个要素更加丰满；在学习内容上，既可以使用系统的文字教材，由浅入深、循序渐进，还可以通过电子教材，让学生实现自主学习上的随机通达和向学科内容的纵深延伸，从而满足学习者个性化的需要；在学习媒体上，既教师这个活媒体，还有包括多媒体或超媒体的电子媒体；在学习环境上，既有便于学习者相互交流的课堂教学环境，又有为学习者提供了自学的广阔天地的网络环境；在学习资源上，既有便于直观地认识的模型、实物、实验室等教具，还有为学习者提供最新最好的知识信息的优化网络资源。

第六节　混合式网络课堂的教学过程设计案例

一、　混合式网络课堂教学课程的整体设计简介

基于混合式网络课堂教学的课程整体设计，本文将以《计算机应用基

础》为例，进行简要说明。

《计算机应用基础》是中等职业学校学生必修的一门公共基础课，教学内容由基础模块、职业模块两个部分构成。基础模块是各专业学生必修的基础性内容和应该达到的基本要求。职业模块为限定选修内容，是结合基础模块进行的计算机综合应用能力训练，旨在提升学生在工作、生活中应用计算机的能力，教学中可根据需要选择内容。本文以中等职业学校《计算机应用基础》基础模块为例，简要说明作为一门课程的混合式网络课堂教学的整体设计。

（一）本大纲对《计算机应用基础》基础模块教学要求的层次表述

1. 对知识的教学要求分为了解、理解和掌握三个层次。

了解：指对知识有感性的、初步的认识。

理解：指对基本概念、基本知识有一定的理性认识，能用正确的语言进行叙述和解释。

掌握：在理解的基础上，能够解决与所学知识相关的应用问题。

2. 对技能的教学要求分为会操作和熟练操作两个层次。

会：指能够运用所学的技能进行独立操作，并能正确完成指定任务。

熟练：指能够连贯娴熟地完成操作，并能根据实际情况设计合理的操作流程，能解决操作中出现的错误和问题，准确完成操作任务。

（二）教学内容与要求（*号部分是为适应不同地区、不同对象的教学要求而设立的内容，学校可根据具体情况进行选择。）

第一单元　计算机基础知识

教学单元	教学内容与要求	教学提示与活动建议
计算机发展及应用领域	了解计算机技术的发展过程及趋势，列举各阶段发展的主要特点； 了解计算机在现代社会的工作与生活中的各类应用； * 了解数据与信息的概念及数据在计算机中的处理过程	可以通过安排参观活动、收集播放音视频资料等手段，让学生在活动中了解计算机的广泛应用

续表

教学单元	教学内容与要求	教学提示与活动建议
计算机系统基本组成	了解计算机硬件与软件系统的组成，以及主要硬/软件在系统中的作用； 了解计算机主要部件及其作用； 会利用数据存储单位区分存储空间大小； 了解计算机系统的主要技术指标及其对计算机系统性能的影响； * 理解二进制基本概念及常用数制之间的转换方法； * 理解ASCII码的基本概念，了解编码规则； * 了解BIOS在计算机系统硬件配置和管理中的作用	可以通过对计算机实物的观察与操作，让学生重点学习输入/输出设备与计算机系统主机接口的连接。使学生在操作使用中认识并熟悉常用设备，重点掌握键盘键位分布及功能，逐渐达到熟练使用键盘
常用计算机设备	了解存储设备（硬盘、光盘驱动器、移动存储器等）的作用和使用方法； 了解输入/输出设备（键盘、鼠标、显示器、打印机等）的作用，会正确连接和使用这些设备； 了解通用外部设备接口的使用方法，会正确连接常用外部设备； 了解键盘键位及功能，会正确使用键盘录入字符； * 了解投影仪、扫描仪、摄像头、读卡器等外部设备的作用及使用方法； * 了解指纹识别装置、手写板、触摸屏等设备	
信息安全与知识产权	了解信息安全的基础知识，使学生具有信息安全意识； 了解计算机病毒的基础知识和防治方法，具有计算机病毒的防范意识； 了解并遵守知识产权等相关法律法规和信息活动中的道德要求	可以结合案例的讲解、分析、讨论，使学生领会信息安全与知识产权的内涵，增强学生在信息活动中的责任心与法律意识

第二单元　操作系统的使用

教学单元	教学内容与要求	教学提示与活动建议
操作系统简介	了解操作系统的基本概念，理解操作系统在计算机系统运行中的作用； 了解常用操作系统的特点和功能； * 了解常用操作系统的类型； * 会安装常用操作系统	可以通过上机操作，使学生逐步理解操作系统的功能和作用，结合实际应用提高使用操作系统和工具软件管理维护计算机的能力。例如，规范管理文件和文件夹，优化计算机系统管理等
图形用户界面操作	了解组成常用操作系统图形界面的基本元素（对象），熟练使用鼠标完成对窗口、菜单、工具栏、任务栏、对话框等基本元素的操作； 会启动/关闭计算机系统； 了解快捷键和快捷菜单的使用方法； * 会使用操作系统的“帮助”信息解决问题	
文件管理	理解文件和文件夹的概念与作用，熟练进行文件和文件夹的基本操作； 会使用资源管理器对文件等资源进行管理； * 了解常见文件类型及其关联程序	
系统管理与应用	了解控制面板的功能，会使用控制面板配置系统，如显示属性、鼠标、输入法的设置等； 会安装和卸载常用应用程序； 会使用操作系统中自带的常用程序； *会为计算机设置多用户管理及权限，使一台计算机能够为不同人员使用； * 会安装打印机等外部设备驱动程序	
系统维护与常用工具软件的使用	会安装和使用病毒防治软件； 会安装和使用压缩工具软件； 了解数据备份的重要性，会进行数据备份； * 会使用软件备份和恢复操作系统	
中英文输入	了解常用的中英文输入法，熟练使用一种中文输入法； * 了解汉字编码方法	可以利用文字输入练习软件帮助学生练习，逐步提高其文字录入技能

第三单元　因特网（Internet）应用

<table>
<tr><th>教学单元</th><th>教学内容与要求</th><th>教学提示与活动建议</th></tr>
<tr><td>因特网的基本概念和功能</td><td>了解因特网的基本概念及提供的服务；
* 了解TCP/IP协议在网络中的作用，会配置TCP/IP协议的参数</td><td rowspan="2">可以通过因特网的接入，使学生认识网络中使用的相关设备</td></tr>
<tr><td>因特网的接入</td><td>了解因特网的常用接入方式及相关设备；
会根据需要将计算机通过相关设备接入因特网；
* 了解无线网络的使用方法</td></tr>
<tr><td>网络信息获取</td><td>熟练使用浏览器浏览和下载相关信息；
熟练使用搜索引擎检索信息；
* 为适应不同需要，会配置浏览器中的常用参数</td><td>可以引导学生利用因特网获取与专业相关的信息，增强学生在学习、生活中应用网络的能力，重点培养学生的信息检索技能</td></tr>
<tr><td>电子邮件管理</td><td>会申请电子邮箱；
熟练收发电子邮件；
* 会使用常用电子邮件管理工具</td><td>可以通过在师生之间、学生之间进行信息交流活动，使学生能熟练收发电子邮件</td></tr>
<tr><td>常用网络工具软件的使用</td><td>会使用常用即时通信软件；
会使用工具软件上传与下载信息；
* 了解远程桌面的概念及其设置方法</td><td rowspan="2">可以通过申请和规范使用网络空间的活动，使学生能使用工具软件上传、下载、共享资源信息，树立安全使用网络的意识</td></tr>
<tr><td>常见网络服务与应用</td><td>会申请和使用网站提供的网络空间，如网络日志、网络硬盘、网络相册等；
了解常见网络服务与应用，如网上学习、网上银行、网上购物、网上求职等</td></tr>
</table>

第四单元　文字处理软件应用

教学单元	教学内容与要求	教学提示与活动建议
文档的基本操作	熟练创建、编辑、保存和打印文档； 会使用不同的视图方式浏览文档； * 会对文档进行权限管理； * 会设置超链接	可以让学生选取专业、生活中的文字、图片、表格等各种内容作为素材，设计、制作作品，如个人简历、合同、名片、宣传广告等，培养学生综合应用文字处理软件的能力
文档的格式设置	熟练设置文档的格式（字体、段落、边框和底纹、项目符号和编号、分栏、首字下沉、文字方向等）； 熟练插入分隔符、页码、符号等； 熟练设置文档的页面格式、页眉和页脚； * 会使用样式，保持文档格式的统一和快捷设置； * 会使用文字处理软件提供的工具，如“字数统计”、“修订”等	
表格操作	会在文档中插入和编辑表格； 会设置表格格式； * 会实现文本与表格的相互转换	
图文表混合排版	理解文本框的作用，会使用文本框； 会在文档中插入并编辑图片、艺术字、剪贴画、图表等； 会对文档中的图、文、表混合排版； 会合并文档； * 会在文档中插入脚注和尾注、题注、目录等； * 会使用邮件合并功能； * 会在文档中插入公式、组织结构图等对象	

第五单元　电子表格处理软件应用

<table>
<tr><th>教学单元</th><th>教学内容与要求</th><th>教学提示与活动建议</th></tr>
<tr><td>电子表格的基本操作</td><td>理解工作簿、工作表、单元格等基本概念；
熟练创建、编辑和保存电子表格文件；
熟练输入、编辑和修改工作表中的数据；
* 会将外部数据导入到工作表中；
* 了解模板的作用和使用方法；
* 了解数据保护的作用和操作方法</td><td rowspan="3">可以让学生选取专业、生活中的相关内容作为素材，制作数据图表，如会对家庭财务收支、班级学习成绩、产品销售等各种数据进行分析管理，重点训练学生的数据处理、数据分析等技能</td></tr>
<tr><td>电子表格的格式设置</td><td>熟练设置工作表的格式（设置单元格、行、列、单元格区域、工作表、自动套用格式等）；
熟练插入单元格、行、列、工作表、图表、分页符、符号等；
熟练设置工作表的页面格式；
* 会使用样式保持格式的统一和快捷设置</td></tr>
<tr><td>数据处理</td><td>理解单元格地址的引用，会使用常用函数；
会对工作表中的数据进行排序、筛选、分类汇总；
* 会使用工作表的引用进行多个工作表计算</td></tr>
<tr><td>数据分析</td><td>了解常见图表的功能和使用方法；
会创建与编辑数据图表；
* 会使用数据透视表和数据透视图进行数据分析</td><td rowspan="2"></td></tr>
<tr><td>打印输出</td><td>会根据输出要求设置打印方向与边界、页眉和页脚，设置打印属性；
会预览和打印文件</td></tr>
</table>

第六单元　多媒体软件应用

教学单元	教学内容与要求	教学提示与活动建议
多媒体基础	了解多媒体技术及其软件的应用与发展； 了解多媒体文件的格式，会选择浏览方式； 会获取文本、图像、音频、视频等常用多媒体素材	可以通过主题活动，选取学生感兴趣的内容作为素材完成作品，使学生重点掌握图像、音频、视频的获取方法和简单加工技能，激发学生学习兴趣
图像处理	会使用软件对图像进行简单加工处理； * 会使用常用图像处理软件编辑加工图像文件	
音频、视频处理	会使用和安装音频、视频播放软件； 会使用软件对音频、视频文件进行格式转换； * 会使用软件对音频、视频文件进行简单编辑加工	

第七单元　演示文稿软件应用

教学单元	教学内容与要求	教学提示与活动建议
演示文稿的基本操作	理解演示文稿的基本概念； 会使用多种方法新建演示文稿； 熟练编辑演示文稿； 会保存演示文稿； 会使用不同的视图方式浏览演示文稿	可以让学生选取工作、生活中的文字、图片、表格、音频、视频等各种内容作为素材，设计制作多媒体作品。如企业产品介绍、个人求职、汇报演讲等多媒体演示文稿，培养多媒体软件的综合应用能力
演示文稿修饰	熟练更换幻灯片的版式； 会使用幻灯片母版； 会设置幻灯片背景、配色方案； * 会设计制作幻灯片模板	
演示文稿对象的编辑	熟练设置、复制文字格式； 熟练插入、编辑剪贴画、艺术字、自选图形等内置对象； 会在幻灯片中插入图片、音频、视频等外部对象； 会在幻灯片中建立表格与图表； 会创建动作按钮； 会建立幻灯片的超链接	

续表

教学单元	教学内容与要求	教学提示与活动建议
演示文稿的放映	会设置演示文稿的放映方式； 会根据播放要求选择播放时鼠标指针的效果、切换幻灯片方式； 会对演示文稿打包，生成可独立播放的演示文稿文件； 会设置幻灯片对象的动画方案； * 熟练设置并合理选择幻灯片之间的切换方式	

（三）教学建议

1. 教学时数安排建议

基础模块学时安排建议

序号	课程内容	教学时数	
		讲授与上机	说明
1	计算机基础知识	6	建议在机房组织教学，上课即为上机，讲授与上机合二为一
2	操作系统的使用	6	
3	因特网（Internet）应用	9	
4	文字处理软件应用	16	
5	电子表格处理软件应用	16	
6	多媒体软件应用	12	
7	演示文稿软件应用	7	
合计		72	

2. 教学方法建议

在本课程教学中，应充分体现以学生为主体，把学习的主动权交给学生，让学生作为主体参与教学过程，使学生养成良好的学习习惯；应充分发挥教师在教学设计、教学组织中的主导作用，提倡结合现有教学条件，灵活选择、运用教学方法。应注重学生能力的培养，强调学做结合，理论与实践融为一体，培养学生实际动手能力和解决实际问题的能力。

教师应充分发挥计算机应用基础课程的特点，利用计算机的图、文、音、视、动画等手段，生动灵活地表现教学内容，提高学生的学习兴趣，激发学生的学习热情，营造有利于学生主动学习的教学情境。

职业模块的教学应结合专业特点设计教学内容，着重培养学生适应职业岗位需要的计算机应用基本技能和基础知识。

3. 基本教学设施建议

中等职业学校的计算机应用基础课程的教学要配备能满足教学需要的计算机机房、多媒体教室等设施；配备数量合理、配置适当的计算机和相应的外部设备（打印机、投影仪、扫描仪等）；具备上网条件。

（四）考核与评价建议

《计算机应用基础》的考核与评价要坚持总结性评价和过程性评价相结合，定量评价和定性评价相结合，教师评价和学生自评、互评相结合。

在考核与评价过程中，要重点考核学生利用计算机解决实际问题的能力。重点关注学生学习态度、学习习惯、计算机文化素养及社会责任感的养成。

教师在进行考核与评价时，应跟踪记录学生运用计算机完成任务、案例或项目的过程，评价学生操作过程及操作结果的准确性、合理性、熟练性及全面性。

（五）基于混合式网络课堂的课程教学设计

《计算机应用基础》是一门理论与实践并重的课程，根据课程学习内容分析和混合式网络课堂的教学要求，将教学环节分为课堂教授、小组讨论、光盘学习、机房学习、网络学习五种环节，其中课堂教授、小组讨论、机房学习为面授教学，光盘学习采用慕课教学，网络学习以微课为主。整体课程设计如图所示：

《计算机应用基础》总共72学时，为了在规定的学时之内完成教学任务，根据学习内容以及混合式网络课堂的教学要求，合理分配课堂教授、小组讨论、光盘学习、机房学习、网络学习的课时，对课程的课时进行分配如表所示：

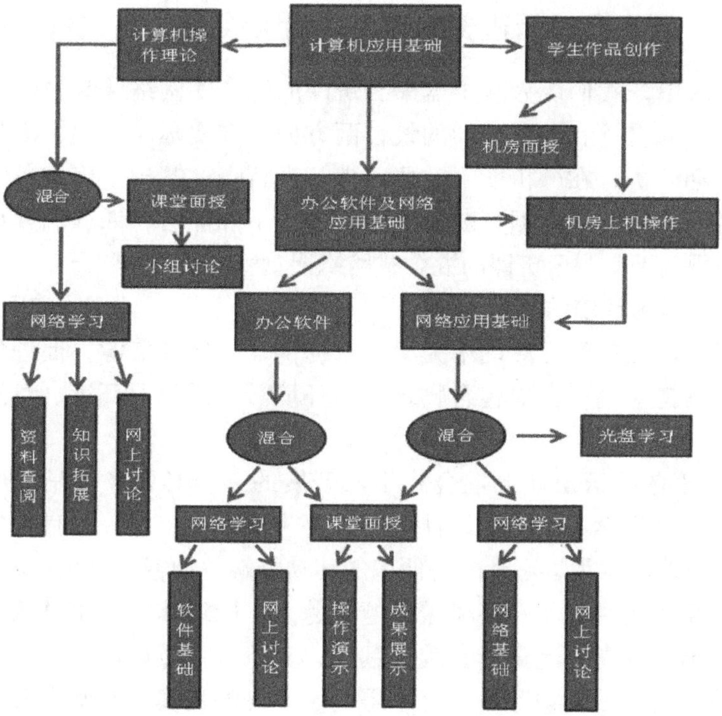

表　《计算机应用基础》课时安排

教学内容	教学形式及课时					合计
	课堂讲授	小组讨论	光盘学习	机房学习	网络学习	
计算机基础知识	3	1	0	1	1	6
操作系统的使用	1	1	1	2	1	6
因特网应用	2	1	1	3	2	9
文字处理软件应用	3	1	2	7	3	16
电子表格处理软件应用	3	1	2	7	3	16
多媒体软件应用	3	1	1	5	2	12
演示文稿软件应用	1	1	1	3	1	7
合计	16	7	8	28	13	72

二、　基于蓝墨云班课的混合式网络课堂教学设计简介

在实践中，我们认为基于蓝墨云班课的混合式网络课堂教学设计可分为学习环境的设计和学习活动的设计两方面。在实际应用中，教师首先需要开展前期分析，在分析学习需要、学习者特点的基础上确定教学目的和教学内容，并以此为依据判断学生的认知水平和能力、课程的知识类型是否适合采用基于蓝墨云班课的混合式网络课堂教学设计。

（一）学习环境的设计

学习环境是在学习活动中为学习者提供软、硬件资源，促进学习者建构知识的支持空间，主要包含物理学习环境、资源学习环境、情感学习环境等。

1. 基于蓝墨云班课的混合式学习开展的一个必要条件是需要网络环境。因此，物理学习环境的设计主要是要为学习者提供一个良好的网络学习环境，另外还需为学习者配备便携的移动终端（如智能手机、iPad等）。如今进入互联网时代，网络覆盖率越来越高，网络速度越来越快，智能手机普及率越来越高，流量资费越来越低，对于条件较好的中等职业学校，移动化混合式学习的物理环境已经得到了良好的构建。教师在开展教学活动时要选择网络状况良好、能支持整个班级同时流畅上网的教学场所，能提供免费无线网络则更为理想。

2. 资源学习环境的设计是基于蓝墨云班课的混合式网络课堂教学环境设计的一个关键部分。学习资源包括教师教学资源、学生学习资源、测试资源、学生即时交流讨论区、投票问卷收集反馈等网络环境资源。（1）教师教学资源：主要包括课程简介，课程学习要求，课程教学大纲及进度安排。使学生明确学习目标及课程重难点。相关课前学习任务单，指导学生线上学习，音视频，文档及课件。（2）学生学习资源：此资源根据学生反馈依据CBI（Content-based Instruction）提供学生感兴趣的学习方法、复习资源、学习观念及学习习惯养成等适用于学生自主学习及价值观判断的资源，以期延伸课堂教学的时间和空间。（3）测试资源：用于指导学生线上学习的课前、课中、课后测试及单元测试，系统提供分析数据便于老师动态跟踪学生掌握知识情况。（4）建立学生即时交流讨论区：利用蓝墨云平台的活动库讨论区提供学生之间互助学习或者针对某一主题的有组织的讨论，加强了老师和学生的联系，促进了学生之间的了解。（5）投票问卷收

集反馈：利用蓝墨云班课的投票问卷功能，设置问卷收集学生学习态度及学习体验等数据，用于教学反馈和新一轮课程设计。

蓝墨云班课平台支持Word、PowerPoint、视频、Flash等多种类型文件的下载或直接播放。教师应在课前对相关的多媒体学习资源进行整理、数字化，增大其易用性，然后上传至云平台。这些学习资源应该是根据学习者特征和教学目标设计，既能够激发学生的学习兴趣，引导学生探究、讨论和建构知识，也能与面对面学习相互配合，优化整合后的信息资源。

3. 情感学习环境的设计主要可以从学习者动机的激发，师生、生生之间的交互两个角度进行。教师要以学习者为中心，在平台上提供符合学习者需要、能引起学习者注意、能激发学习者学习动机的学习材料。同时，对教学活动的设计应适应学习者的心理特征，能调动学习者的主动性、积极性。蓝墨云班课平台提供了答疑讨论区，具备互动投票、点赞的功能。教师应尽可能利用该平台现有的功能特性，促进师生、生生之间积极开展交流讨论、互相评价等活动，构建一个良好的情感学习环境。

（二）学习活动的设计

1. 课前阶段。主要任务是课前学习资源的推送，课前学习资源主要包括课前学习任务单、教学视频（音频）、自测题课件、自测题、PDF或Word文档等。在有网络的情况下，学生会及时收到该班课资源更新的消息提醒，进入班课即可直接查看通知，下载学习资源。为了提高学生的预习积极性，教师应该根据学生现有的认知水平和最近发展区理论上传合适的预习资源；另外，教师可以设置任务驱动和奖惩措施激励学生积极完成预习，如完成预习可以增加经验值、获赞等。学生可以把预习中遇到的问题发至答疑讨论区，教师、学生可以在线对问题进行探讨，共同分析解决一部分问题，为面对面的课堂教学节约时间。此外，教师还可根据学生的自测情况发现他们普遍存在的困惑，并据此在课堂教学中重点讲解，让课堂教学更有针对性，提高教学效率。

2. 课中阶段。教师与学生开展面对面的教学活动。与传统课堂不同，教师应遵循学生为中心的原则，尽量发挥学生的主动性、创造性开展教学。课堂中，可以引入行动导向教学和小组合作教学。当学生通过视频完成知识点的学习后，课堂上以问题和目标为导向，用引导的方法开展讨论、答疑、头脑风暴，并在班课中对学生的观点进行点评和总结。组织学生分组合作教学时，组内进行面对面的讨论，组间可以进行基于蓝墨云班课的线上讨论，充分发挥混合式网络课堂教学的优势。同时，还可以运用蓝墨云班课随机分组或线下分组进行小组合作作业，设计评分点和评分标准，开展作业互评。在学生讨论的过程中，教师应密切关注每一组的讨论情况，及时给予指导，引导每个小组往正确的方向讨论学习。根据学习需要，教师可以发起课堂投票，让学生进行互评。以学生为中心的教学方式在基于蓝墨云班课的混合式学习活动中的运用可以大大提高学生的参与度，发挥学生的知识建构能力，对于学生创造性的培养有着重要的积极作用。

3. 课后阶段。教师可根据课前和课中学习的知识点设置测试题，让学生及时巩固复习，发现自己存在的问题。蓝墨云班课提供多种类型的测试题：自测题——不论回答正确与否都可获得经验值，一般用于课前预习阶段；客观题测试——由教师事先在蓝墨云班课平台上设置好正确答案，回答正确才可获得经验值；主观题测试——教师设置问题，人工查看每位学生的解答情况，可点赞，获得教师点赞可加经验值。测试活动结束后，学生端可以看到所有学生的答案和获赞情况，学生间可以点赞互评。课后阶段，教师也要发起答疑讨论，以便及时解决学生对新学知识的疑问。使用蓝墨云班课在课后阶段，为学生提供后续学习跟踪指导，很好地解决了传统教学方式课下缺乏讨论交流的难题，增强了师生、生生之间的联系，对增进情感和改善教学都有重要意义。

4. 形成性评价。基于蓝墨云班课的混合式网络课堂教学评价采用蓝墨系统评价与传统评价相结合的评价方式。蓝墨云班课使用经验值作为学生学习行为的评价参考值。经验值记录了学生在线学习的时长，参与活动的次数，对学生的课堂表现，资源学习情况及活动库的头脑风暴，答疑讨论，投票问卷，测试及小组活动均会有数据跟踪记录，对学习的过程提供数据支持。评价主体，评价方法与评价手段更加多元化；教师引导和协助学生完成从线上到线下的一系列学习活动，课堂活动主体是学生的小组活动及组间评价，或者师生的互动，所以评价的主体是教师和学生的混合评价。评价不再以单一的终结性成绩为依据，而是侧重对学习过程的整体性评价，定量数据结合定性评价的方法让学生体会到努力的收获，进步和喜悦。评价手段结合蓝墨活动库活动及资源学习质量而更加丰富，提高了学生平时学习的考核比重，依据学生在蓝墨活动库的各种表现及资源学习质量进行多样化评价。混合式评价方式较客观的描述了学生的学习过程及真实水平，对学生学习有明确的引导作用，学生更加注重平时的积累，提高了学生的学习积极性和参与度。

尽管蓝墨云班课是一个刚刚发展起来的移动端云平台，但基于蓝墨云班课的混合式网络课堂教学为网络时代学校教育提供了一种新的教学思路和方向。基于蓝墨云班课的混合式网络课堂教学模式在校园WIFI网络环境支持下，学生利用自带设备就可进行对学习的控制，符合中等职业教育创新发展规划的要求及该课程的特点；将蓝墨平台的教学资源与传统课堂的优势结合起来，学习在时空两个维度进行延伸，学生充分体验到学习主体的地位及移动学习的乐趣，对培养学生的自主学习习惯及学习能力有很普遍的推广意义和价值。

第四章

中职公共基础课慕课微课典型案例应用

典型案例（一）混合式网络课堂教学案例——《我的母亲》教学设计及脚本

【设计理念】

遵循“以学生为主体，以教师为主导”的教学原则，进行体验式教学。使用翻转课堂，进行课程设计。教学过程联系学生生活实际，通过问题引导的方式，立足文本，展开合作探究式教学；设置多次阅读环节，帮助学生在阅读中，发现问题，解决问题，并领悟情感，最终应用于写作实践。

【教材分析】

本课题是高教社中职教育课改规划新教材《语文》（基础模块）上册第一单元的第一课。本课的主要特点是通过细节凸显人物品质，通过细节彰显母爱。

【学情分析】

我任教的班级绝大多数是住宿生，住校生活使学生有了想家、思亲的情感体验，这为唤醒他们内心深处母子之间的挚爱深情作了很好的铺垫；初中阶段的学习也使学生具备了一定的阅读鉴赏的能力和写作能力，这就为本课的学习提供了前提；部分00后，自我意识较强，惯于我行我素，感恩意识淡薄，因此，学习本课，对于刚刚迈入职校大门的他们来说，十分必要。

【教学目标】

知识目标　　1. 了解作者生平及作品；把握母亲形象。

　　　　　　2. 理解生命的教育的内涵。

能力目标　　　　1. 通过品味语言，感受无私伟大的母爱。
　　　　　　　　2. 掌握运用白描手法刻画人形象的方法。
情感目标　　　　珍视亲情　恪守孝道。

【教学重难点】

教学重点　　　　把握“生命的教育”的内涵。
教学难点　　　　1. 感受母爱。
　　　　　　　　2. 并掌握运用白描手法刻画人物的方法。

【教学方法】

情景激趣法、情感渲染法

【学生学法】

品味诵读法、合作探究法

【教学用具】

自制教学辅助课件

【教学过程】

分为课前、课中、课后三个部分

课前：

请学生登录自主学习平台，下载学习任务书，做好五个准备，解决三个问题。

《我的母亲》学习任务书

五个准备：

1. 查字典解决生字词，在平台上了解老舍的生平及作品。
2. 把自己母亲的照片上传到平台。
3. 搜集有关母爱的视频和照片，并上传到平台。
4. 搜集老舍的真人真事。
5. 分成三个小组：含辛茹苦、舐犊情深、春晖寸草。

三个问题：

1. 熟读课文，找出文中表示时间顺序的词，了解本文的组材方式。
2. 母亲有哪些性格特点？请用以下句式回答：

通过__________（事），可以看出母亲是一个____________的人。

3. 观看微课（白描手法），并在《湖心亭看雪》《天净沙·秋思》《背影》这三篇文章中找出运用白描手法的文字。

课中：

项目	教师活动	学生活动	设计意图	时间分配
一 创设情境 走近母爱	**一　走近母爱** 师生共同欣赏视频《特殊招聘》。  教师介绍：是的，是母亲这最平凡得岗位，却是最伟大的职业。我们这节课就一起来结识著名作家老舍先生的母亲。	师生共同欣赏视频	渲染气氛，激发兴趣，奠定情感基调，引出课题。	3分钟
二 知人论事 传承母爱	**二　传承母爱** （一）提问1：请结合自主学习问题二，谈谈你的母亲及母亲对你的影响。 （二）提问2：母亲对“我”产生哪些影响? 1. 从这里，我学得了爱花，爱清洁，守秩序。 2. 到如今，我的好客的习性，还未全改。 3. 这点软而硬的个性，也传给了我。 4. 我对一切人与事，都取平和的态度，把吃亏看作是当然的。 5. 在做人上，我有一定的宗旨与法则。 6. 我之所以能成为一个不十分坏的人，是母亲感化的。	结合课前自主学习成果 谈自己的母亲 自主阅读合作探究	检验学生课前自主学习效果，把握母亲形象 由文本链接生活，有感而发引出“生命的教育” 初步理解“生命的教育”	10分钟

续表

项目	教师活动	学生活动	设计意图	时间分配
	（三）请学生展示课前搜集的老舍的资料 学生在教师引导下得出：老舍为人处世的原则、性格、习惯皆是继承自母亲。 （四）接着播放视频《洗脚》拓展延伸：  师生共同总结：生命的教育，就是以身作则，言传身教。	学生展示课前搜集的资料	进一步理解“生命的教育” 四个步骤 突出重点 “生命的教育”。	
三 品味诵读 感受母爱	**三　感受母爱** （一）提问：快速浏览本课第13段，并找出体现母子情深的几件事？ 筹“巨款”送我上学 送三姐出嫁 除夕夜送我返校 教师对学生的语气、重音和停顿加以指导 回顾微课： （二）提问：找出《湖心亭看雪》《天净沙秋思》《背影》这三篇文章中白描的文字。 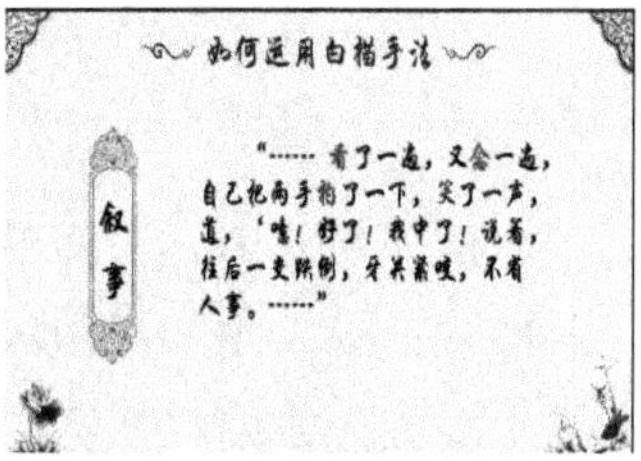 	合作探究 小组讨论 展示课前自学成果	检测课前自学成果	20分钟

续表

项目	教师活动	学生活动	设计意图	时间分配
	（三）提问：请学生标出文中运用白描手法的文字，体会这一手法在表达情感上的妙处。 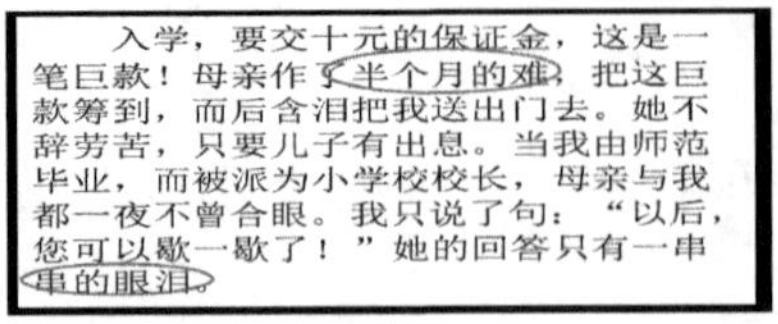 入学，要交十元的保证金，这是一笔巨款！母亲作了半个月的难，把这巨款筹到，而后含泪把我送出门去。她不辞劳苦，只要儿子有出息。当我由师范毕业，而被派为小学校校长，母亲与我都一夜不曾合眼。我只说了句：“以后，您可以歇一歇了！”她的回答只有一串串的眼泪。 学生能够体会字里行间折射出的母爱的无私和伟大	深情诵读体会情感	通过品味语言，体会情感，同时进一步掌握白描手法在写作上的应用	
四 忆海拾贝 抒写母爱	**四　抒写母爱** （四）问题：请运用白描手法，描写你生活中母爱的片段，并表达出你对母亲的热爱和感激。  课堂气氛伤感又热烈 教师谈母亲： 母亲患有关节炎，十指关节常年弯曲红肿，可是，母亲就是用这双手，给半夜里双腿抽筋的我按摩舒缓，就是用这双手，带大她的小外孙。  	写作 感动聆听 上传至平台	学以致用 产生情感共鸣，进一步内化情感 找出白描手法解析感动瞬间	11分钟

续表

项目	教师活动	学生活动	设计意图	时间分配
	（五）课后学生将习作上传到平台，师生在线点评习作 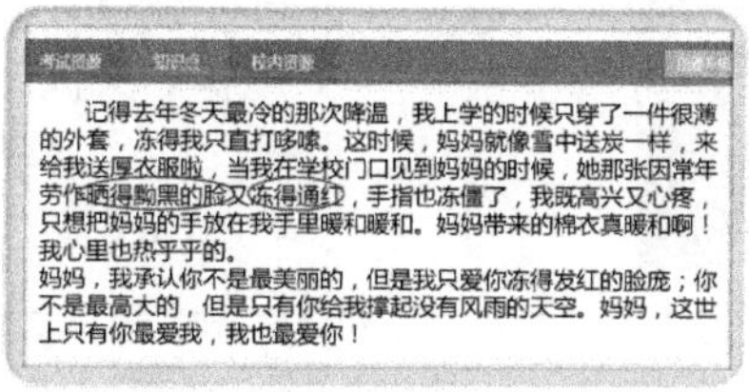 记得去年冬天最冷的那次降温，我上学的时候只穿了一件很薄的外套，冻得我只直打哆嗦。这时候，妈妈就像雪中送炭一样，来给我送厚衣服啦，当我在学校门口见到妈妈的时候，她那张因常年劳作晒得黝黑的脸又冻得通红，手指也冻僵了，我既高兴又心疼，只想把妈妈的手放在我手里暖和暖和。妈妈带来的棉衣真暖和啊！我心里也热乎乎的。 妈妈，我承认你不是最美丽的，但是我只爱你冻得发红的脸庞；你不是最高大的，但是只有你给我撑起没有风雨的天空。妈妈，这世上只有你最爱我，我也最爱你！ 请学生观看视频《别让等待，成为遗憾》  寄语学生；孝是稍纵即逝的眷恋；孝是无法重现的幸福，赶快为你的父母尽一份孝心吧，趁他们健在的光阴。		两个环节 五个步骤 突破重难点 达成情感目标	
五 布置作业 弘扬母爱	**课后** **五 弘扬母爱** 1. 请你为校刊的母亲节专题设计一个版面。（整理你的课堂写作，调动你的知识积累） 2. 作为学前教育专业的你，如何启发小朋友回报妈妈的爱  	课后上传到平台		1分钟

续表

<table>
<tr><th>项目</th><th>教师活动</th><th>学生活动</th><th>设计意图</th><th>时间分配</th></tr>
<tr><td></td><td></td><td></td><td>调动了学生的知识积累，并开展了岗位实践活动，实现了岗位体验.</td><td></td></tr>
<tr><td>六
板书设计</td><td>六　板书设计

</td><td>组内成员
小组之间
互相评价
教师综评</td><td>突出了本节课的重难点，并用一颗象征爱的心形再次突出本课母爱子，子念母的主题</td><td></td></tr>
<tr><td>七
在线评价</td><td>课后：
七　在线评价
<table>
<tr><th>小组</th><th>过程</th><th>问题</th><th>标准</th><th>分值</th><th>自评</th><th>小组互评</th><th>教师综评</th><th>总分</th></tr>
<tr><td rowspan="9">含辛茹苦</td><td rowspan="3">课前
25分</td><td>时间顺序</td><td>理清顺序</td><td>5</td><td>5</td><td>5</td><td>5</td><td rowspan="9">92.5</td></tr>
<tr><td>母亲性格</td><td>言之成理</td><td>10</td><td>9</td><td>9</td><td>9</td></tr>
<tr><td>微课练习</td><td>找出白描</td><td>10</td><td>8</td><td>8</td><td>8</td></tr>
<tr><td rowspan="4">课堂
50分</td><td>识母亲</td><td>真情实感</td><td>10</td><td>10</td><td>9</td><td>9.5</td></tr>
<tr><td>话影响</td><td>找出原文</td><td>10</td><td>9</td><td>9</td><td>9</td></tr>
<tr><td>品味语言</td><td>言之成理</td><td>15</td><td>14</td><td>13</td><td>13.5</td></tr>
<tr><td>抒写母爱</td><td>运用白描</td><td>15</td><td>13</td><td>14</td><td>13.5</td></tr>
<tr><td rowspan="2">课后
25分</td><td>设计</td><td>多样化</td><td>10</td><td>10</td><td>9</td><td>10</td></tr>
<tr><td>实践</td><td>真正实践</td><td>15</td><td>15</td><td>15</td><td>15</td></tr>
</table>
</td><td></td><td>师生依据评价标准对课堂表现进行在线评价。多元评价帮助学生查缺补漏，更深刻地认识自己的优势和不足。</td><td></td></tr>
<tr><td>八
教学效果</td><td>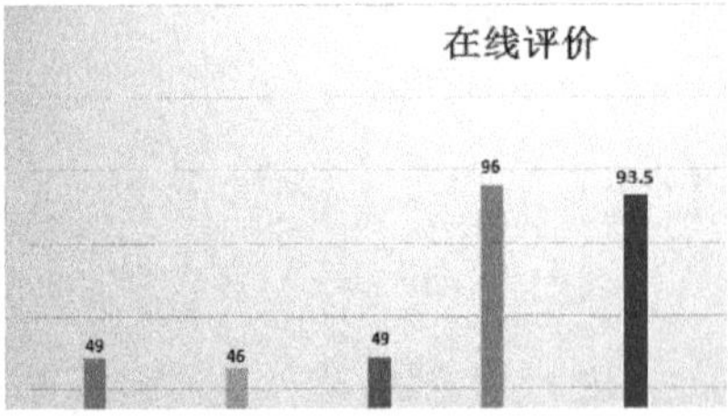

八　教学效果
创新：运用互联网+教育模式，用微课引领学习，用平台服务学习，用</td><td></td><td></td><td></td></tr>
</table>

续表

项目	教师活动	学生活动	设计意图	时间分配
	实践促进学习，用评价激励学习，形成了集知识性，实用性为一体的高效课堂 不足：从学生的课堂习作可以看出，部分同学对白描手法的掌握还不够好。			

典型案例（二）微课《意象》教学设计及字幕

一、 教学设计

专业：文化基础课

学科：语文

课程：中等职业教育《语文》

适用对象：中职二年级学生

教学背景：本节内容选自人民教育出版社中等职业教育规划教材《语文》。诗歌表达情感，讲究委婉含蓄，忌讳过于直白在第三册第五单元《致橡树》一诗中运用了便诸多意象，来表达作者的情感。本节课的学习，对于学生诗歌鉴赏水平的提高，具有重要意义。在学习过程中，学生通过鉴赏、探究的方式进行自主学习，并将这一描写方法应用于《致橡树》一课的鉴赏分析，达到事半功倍的效果。

教学目标：

1. 了解意象的概念。
2. 掌握选择意象的原则。
3. 熟悉古诗中常用的意象。

教学环节：

导入新知、走进意象、典型意象、学以致用

课程设计思路：

1.导入新知

诗歌表达感情，忌讳过于直白，比如说“我怎么这么快就衰老了啊”不说“白发三千丈”委婉含蓄，由此引出意象。

2.走进意象

（1） 概念

所谓“意象”简单说来，可以说就是主观的“意”和客观的“象”的结合，也就是融入诗人思想感情的“物象”，是赋有某种特殊含义和文学意味的具体形象。简单地说就是借物抒情。

（2） 鉴赏意象

枯藤老树昏鸦

小桥流水人家

古道西风瘦马

夕阳西下，断肠人在天涯

除了“西下”“在天涯”以外，拆开来都是一个个可以看到、听到、触摸到的客观形象。诗人加上自己思乡的情意，就都成了意象，诗人选择这些形象来表达思乡之情，比“流浪在远方，游子思故乡”要含蓄委婉，自然更乐于为读者所接受。

（3） 选择意象的原则

① 谐音

比如说，客观景物“柳”与主观情感 “留”谐音，所以古人有折柳送别的习俗，“柳”也成为表达离愁别绪的意象。例如柳永《雨霖铃》中“今宵酒醒何处，杨柳岸晓风残月”，就是用杨柳这一意象来表达离别伤感之情。

② 景物特征与主观情感之间有相似之处。比如松树是傲霜斗雪的典范，所以古人多用它象征坚贞的品格。例如，刘桢《赠从弟》“岂不罹凝寒，松柏有本性。”中，诗人借松柏这一意象勉励堂弟，在任何情况下，都要保持高洁坚贞的品格。

③ 神话故事的内涵与主观情感之间有相似之处。古代神话中，蜀王杜宇即望帝，被迫让位给他的臣子，独自隐居山林，死后，他的灵魂化为杜鹃鸟，于是古诗中的杜鹃鸟就成为凄凉哀伤的象征。例如

李白《闻王昌龄左迁龙标遥有此寄》中“杨花落尽子规啼，闻道龙标过五溪”。其中的“子规”就是杜鹃鸟，诗人首句就用杜鹃鸟这一意象寄予离别感伤之情，表达对友人的深切同情。

3.典型意象

“鸿雁”是每年南迁的候鸟，所以常被游子来寄托思念之情和羁旅的

伤感；凌寒独开的梅花常被诗人用来寄予不怕困难不怕挫折的情感；“梧桐”因其生长迅速耐修剪，所以古诗词中常用他寄予愁苦之情；还有不复回的流水和一生只开一次的落花，常被诗人用来寄托伤时的惆怅和生命短暂的感叹；另外，还有用草木的繁盛反衬环境的荒凉，抒发兴亡之感，如杜甫的《春望》“国破山河在，城春草木深”就是此。

4.学以致用

客观景物的意象丰富多彩，读懂了意象，就迈出了欣赏诗词的第一步，同学们，你们能在此基础上，尝试分析《致橡树》的意象吗？

二、 字幕

同学们好，本节我们要学习的是“意象”。

一般来讲，诗歌表达情感，忌讳过于直白，过于直白就会显得没味儿。叹息自己老得很快，说“我怎么这么快就衰老了啊”肯定没有说“白发三千丈，缘愁似个长”有味道。其中的“白发”就是诗歌的意象。

那么，什么是意象呢？所谓“意象”简单说来，可以说就是主观的“意”和客观的“象”的结合，也就是融入诗人思想感情的“物象”，是赋有某种特殊含义和文学意味的具体形象。简单地说就是借物抒情。我们先来鉴赏一首大家比较熟悉的词中的意象：

枯藤老树昏鸦
小桥流水人家
古道西风瘦马
夕阳西下，断肠人在天涯

除了“西下”“在天涯”以外，拆开来都是一个个可以看到、听到、触摸到的客观形象。诗人加上自己思乡的情意，就都成了意象，诗人选择这些形象来表达思乡之情，比“流浪在远方，游子思故乡”要含蓄委婉，自然更乐于为读者所接受。那么，诗人选择意象有什么原则呢？那就是主观情感和客观景物要有交叉点，通常有如下几种情况：

1. 谐音

比如说，客观景物“柳”与主观情感 “留”谐音，所以古人有折柳送别的习俗，“柳”也成为表达离愁别绪的意象。例如柳永《雨霖铃》中“今宵酒醒何处，杨柳岸晓风残月”，就是用杨柳这一意象来表达离别伤感之情。

2. 景物特征与主观情感之间有相似之处。比如松树是傲霜斗雪的典范，所以古人多用它象征坚贞的品格。例如，刘桢《赠从弟》“岂不罹凝寒，松柏有本性。”中，诗人借松柏这一意象勉励堂弟，在任何情况下，都要保持高洁坚贞的品格。

3. 神话故事的内涵与主观情感之间有相似之处。古代神话中，蜀王杜宇即望帝，被迫让位给他的臣子，独自隐居山林，死后，他的灵魂化为杜鹃鸟，于是古诗中的杜鹃鸟就成为凄凉哀伤的象征。例如：

李白《闻王昌龄左迁龙标遥有此寄》中“杨花落尽子规啼，闻道龙标过五溪”。其中的“子规”就是杜鹃鸟，诗人首句就用杜鹃鸟这一意象寄予离别感伤之情，表达对友人的深切同情。

掌握了这三点，我们就不难了解古诗词中的意象了。如“鸿雁”是每年南迁的候鸟，所以常被游子来寄托思念之情和羁旅的伤感；凌寒独开的梅花常被诗人用来寄予不怕困难不怕挫折的情感；“梧桐”因其生长迅速耐修剪，所以古诗词中常用他寄予愁苦之情；还有不复回的流水和一生只开一次的落花，常被诗人用来寄托伤时的惆怅和生命短暂的感叹；另外，还有用草木的繁盛反衬环境的荒凉，抒发兴亡之感，如杜甫《春望》中的“国破山河在，城春草木深”就是此种用法。以上所列意象具有相对稳定的感情色彩已经成为常用的典型意象，但在鉴赏诗词时，还要根据意境具体分析。客观景物的意象丰富多彩，读懂了意象，就迈出了欣赏诗词的第一步，同学们，你们能在此基础上，尝试分析《致橡树》的意象吗？

典型案例（三）微课《象征手法》教学设计及字幕

一、 教学设计

专业：文化基础课

学科：语文

课程：中等职业教育《语文》

适用对象：中职二年级学生

教学背景：本节内容选自人民教育出版社中等职业教育规划教材《语文》，是第一册第三单元《我的四季》一课中运用的表现手法。在初中阶段，学生学过比较有代表性的运用象征手法的课文有茅盾《白杨礼赞》和高尔基的《海燕》，这些都为这一知识点的学习打下了坚实的基础。在本节课的学习中，教师将进一步总结以上内容，并结合生活常识，更深入地探究象征—这一文学表现手法。

教学目标：

1. 了解象征手法的概念及表达形式。

2. 掌握比喻修辞和象征手法的异同。

教学方法：

鉴赏法 启发法

教学环节：新知导入、走进象征、拓展延伸、比较异同、学以致用

设计思路：

1.新知导入（10秒）

开门见山地提出象征这一表现手法。

2.走进象征（3分21秒）

（1） 诠释象征手法的定义即：象征手法是根据事物之间的某种联系，借助某人某物的具体形象（象征体），以表现某种抽象的概念、思想和情感。

（2） 出象征手法的作用：它可以使文章立意高远，含蓄深刻。恰当地运用象征手法，可以将某些比较抽象的精神品质化为具体的可以感知的形象，从而给读者留下深刻的印象，赋予文章以深意。

（3） 阐述象征手法的表现形式：一种是让读者在诗与文的不言之中去意会其象征之意；一种是直抒胸臆地点示出象征之意。

3.拓展延伸（2分41秒）

运用生活实例来熟悉象征：

（1） 顾拜旦阐述了奥运五环旗的象征意义："蓝、黄、黑、绿、红"五环代表以奥林匹克精神参赛的五大洲。

（2） 《阿甘正传》象征着美国梦和美国精神。通过一个人物来表达一个民族内心对于过去的理解，对于理想的渴望，就是这部电影的象征意义。

（3） 电影《肖申克的救赎》中，也有一处经典的象征手法。在这部电影中有这样一句台词："有些鸟儿是关不住的，因为他们的羽毛太过鲜亮。"这句台词就是一句非常典型的象征手法，"鸟儿"这个具体事物表达抽象的概念"对自由的向往"。

4.比较异同（4分53秒）

（1） 相同点

二者都是通过选择一个具体的形象来形容、比喻另一客观事物，即二

者都要借助于具体形象，二者都有喻体。

如红旗象征革命；把工作中勤勤恳恳、任劳任怨的人比喻为老黄牛。

前者借助“红旗”这一具体事物，后者借助“老黄牛”这一具体事物；前者的喻体是“红旗”，后者的喻体是老黄牛。

（2）不同点

①“象征”是文艺创作的一种表现手法，而比喻是修辞学上的修辞格之一。二者的这一根本区别确定了二者的性质和使用范围：象征属文学范畴，比喻属语言文字范畴；象征的使用范围小——只限在“文学”范围内，比喻的使用范围大——包括“文学”在内的一切语言文字范围。

②“象征”往往以某一具体的喻体来表现一相似或相近的抽象事物（概念、思想和感情），它绝不停留在某一具体事物上。而“比喻”的喻体和本体都是具体的事物。这里对“比喻”不用赘言，我们单看“象征”。还是以《白杨礼赞》为例，那挺拔笔直、耐风抗旱的白杨树象征北方农民淳朴的品格和坚强、力求上进的精神，象征中国人民的坚强不屈的抗日精神。这里，“喻体”是具体的“白杨树，”而本体则是抽象的“品格”“精神”。鲁迅先生的小说《药》的末尾，用“一圈红的白花”象征革命的前景和希望。这里的喻体是“红白的花”，是具体的，本体是“前景和希望”，是抽象的。杨朔先生的散文《茶花赋》中红艳艳的“童子面茶花”象征了伟大祖国的欣欣向荣的未来美景。这里喻体是具体的“童子面”茶花，而本体则是抽象的“未来美景”。一句话，“象征”的本体往往是抽象的——即便本体是具体的，也不停止在一物一事上，而有着深广的内涵，这一点与比喻不同。如高尔基的《海燕》，以海燕象征无产阶级革命战士，本体可以说是“战士”，正是这一战士的光辉形象展现出了俄国1905年无产阶级革命运动前夕风起云涌、波澜壮阔的宏大图景和无产阶级革命战士的无私无畏。

③ 象征是通过某一具体事物表达一种概念、思想和感情。它贯穿在一个句群、一个段落甚至整篇文章中，是含蓄深沉的；而比喻则是打比方，仅是为了使要说明的事物更加鲜明生动，局限在一个具体的句子中。如鲁迅《药》的结尾，矛盾《风景谈》的结尾，整个段落是象征。高尔基的《海燕》，陶铸的《松树的风格》，矛盾的《白杨礼赞》等，更是象征贯通全文。

④ 象征中的喻体是作为一个实体来写的。像《白杨礼赞》就写白杨，

《海燕》就写海燕，《松树的风格》就写松树；而比喻中的喻体明显地显示出它的“借助性”，完成使命，一闪即逝，不像象征中的喻体那样给人留下它就是“主人翁”的假象。

5.学以致用（13秒）

同学们，请根据以上所学分析张洁的《我的四季》一课中象征手法的运用，它的象征体和被象征体分别是什么？

二、 字幕

各位同学，大家好，今天我们这节课要讲的是象征———这一表现手法。什么是象征呢？象征手法是根据事物之间的某种联系，借助某人某物的具体形象（象征体），以表现某种抽象的概念、思想和情感。（作用）它可以使文章立意高远，含蓄深刻。恰当地运用象征手法，可以将某些比较抽象的精神品质化为具体的可以感知的形象，从而给读者留下深刻的印象，赋予文章以深意，从而给读者留下咀嚼回味的余地。一般来讲，象征有两种表达形式：一种是让读者在诗与文的不言之中去意会其象征之意；一种是直抒胸臆地点示出象征之意。我们先来看一首诗，体会一下第一种形式：

礁石

艾青

一个浪，一个浪/无休止地扑过来/每一个浪都在它脚下/被打成碎末、散开……

它的脸上和身上/像刀砍过的一样/但它依然站在那里/含着微笑，看着海洋……

读了这首小诗，你联想到的肯定不是“礁石”。那在风浪狂涛中巍然屹立的礁石，让你想到的会是一个人、一个民族、一个国家的百折不挠、万难不屈的斗争精神。

在这里，我们读的是“礁石”，但它让我们“跳跃”式地联想到一种精神风貌。

我们再来回忆一下初中学过的一篇课文《白杨礼赞》中的一段文字：

当你在积雪初融的高原上走过，看见平坦的大地上傲然挺立这么一株或一排白杨树，难道你就只觉得它只是树？难道你就不想到它的朴质，严肃，坚强不屈，至少也象征了北方的农民？难道你竟一点也不联想到，在敌后的广大土地上，到处有坚强不屈，就像这白杨树一样傲然挺立的守卫他们家乡的哨兵？难道你又不更远一点想到，这样枝枝叶叶靠紧团结，力求上进的白杨树，宛然象征了今天在华北平原纵横决荡，用血写出新中国历史的那种精神和意志？

作者在这里描写的是普通而又平凡的白杨，其笔力集中在白杨的神采、姿态、精神、品格之上，其情感的基调是激情的讴歌，这让我们极为鲜明地感觉到作者是用白杨在象征着一种人，象征着一种精神。果然，作者又以不可压抑的激情告诉了我们这一点，这就是直抒胸臆。

掌握了象征手法的概念和表现形式之后，我们再来看一些生活中的例子来熟悉它。

奥运五环的颜色就带有象征意义。顾拜旦阐述了这面会旗的象征意义："蓝、黄、黑、绿、红五环代表以奥林匹克精神参赛的五大洲。此外，这6种颜色（包括白的底色）毫无例外地包含了世界各国的国旗颜色。黄色和蓝色代表瑞典，蓝色和白色代表希腊、法国，英国、美国、德国、比利时、意大利、匈牙利的三色尽在其中；黄色和红色代表西班牙，巴西、澳大利亚、日本、中国的颜色也包括在其中。它显然是一种国际性的标志。"

在电影中，象征手法的运用也非常广泛，比如我们比较熟悉的《阿甘正传》，作为20世纪最伟大的电影之一，阿甘，他象征着美国精神或者说美国梦，美国人认为，我们开始不聪明，不是最强大的，但是我们脚踏实地，一步步地前进，最终站在了世界的最前端。通过一个人物来表达一个民族内心对于过去的理解，对于理想的渴望，就是这部电影的象征意义。同样，在电影《肖申克的救赎》中，也有一处经典的象征手法。这部电影讲述了一个银行家被人陷害，关进了监狱，在监狱里他发现了真相，然后通过自己的聪明才智，最终获得自由的故事。在这部电影中有这样一句台词："有些鸟儿是关不住的，因为他们的羽毛太过鲜亮。"这句台词就是一句非常典型的象征手法，"鸟儿"这个具体事物表达抽象的概念"对自由的向往"。

这些象征手法的运用使这些影片达到了非常高的艺术境界。

同学们，通过以上的分析，你们对象征手法是不是掌握了呢？

有的同学可能会发现，象征手法和比喻修辞有相似之处，下面就来分析一下二者的异同：

相同点：二者都是通过选择一个具体的形象来形容、比喻另一客观事物，即二者都要借助于具体形象，二者都有喻体。

如红旗象征革命；把工作中勤勤恳恳、任劳任怨的人比喻为老黄牛。

前者借助“红旗”这一具体事物，后者借助“老黄牛”这一具体事物；前者的喻体是“红旗”，后者的喻体是老黄牛。

不同点：

1. “象征”是文艺创作的一种表现手法，而比喻是修辞学上的修辞格之一。二者的这一根本区别确定了二者的性质和使用范围：象征属文学范畴，比喻属语言文字范畴；象征的使用范围小——只限在“文学”范围内，比喻的使用范围大——包括“文学”在内的一切语言文字范围。

2. “象征”往往以某一具体的喻体来表现一相似或相近的抽象事物（概念、思想和感情），它绝不停留在某一具体事物上。而“比喻”的喻体和本体都是具体的事物。这里对“比喻”不用赘言，我们单看“象征”。还是以《白杨礼赞》为例，那挺拔笔直、耐风抗旱的白杨树象征北方农民淳朴的品格和坚强、力求上进的精神，象征中国人民的坚强不屈的抗日精神。这里，“喻体”是具体的“白杨树，”而本体则是抽象的“品格”“精神”。

鲁迅先生的小说《药》的末尾，用“一圈红的白花”象征革命的前景和希望。这里的喻体是“红白的花”，是具体的，本体是“前景和希望”，是抽象的。杨朔先生的散文《茶花赋》中红艳艳的“童子面茶花”象征了伟大祖国的欣欣向荣的未来美景。这里喻体是具体的“童子面”茶花，而本体则是抽象的“未来美景”。一句话，“象征”的本体往往是抽象的——即便本体是具体的，也不停止在一物一事上，而有着深广的内涵，这一点与比喻不同。如高尔基的《海燕》，以海燕象征无产阶级革命战士，本体可以说是“战士”，正是这一战士的光辉形象展现出了俄国1905年无产阶级革命运动前夕风起云涌、波澜壮阔的宏大图景和无产阶级革命战士的无私无畏。

3. 象征是通过某一具体事物表达一种概念、思想和感情。它贯穿在一个句群、一个段落甚至整篇文章中，是含蓄深沉的；而比喻则是打比方，仅是为了使要说明的事物更加鲜明生动，局限在一个具体的句子中。如鲁迅《药》的结尾，矛盾《风景谈》的结尾，整个段落是象征。高尔基的《海燕》，陶铸的《松树的风格》，矛盾的《白杨礼赞》等，更是象征贯通全文。

4. 象征中的喻体是作为一个实体来写的。像《白杨礼赞》就写白杨，《海燕》就写海燕，《松树的风格》就写松树；而比喻中的喻体明显地显示出它的“借助性”，完成使命，一闪即逝，不像象征中的喻体那样给人留下它就是“主人翁”的假象。

同学们，你们掌握了吗？请根据以上所学分析张洁的《我的四季》一课中象征手法的运用，它的象征体和被象征体分别是什么？

典型案例（四）微课《侧面描写》教学设计及字幕

一、 教学设计

专业：文化基础课

学科：语文

课程：中等职业教育《语文》

适用对象：中职二年级学生

教学背景：

本节内容选自人民教育出版社中等职业教育规划教材《语文》，在第二册第二单元《明湖居听书》一课中主要运用了侧面描写这一方法。侧面描写是正面描写的一种补充，侧面描写曲折含蓄，能唤起读者的想象，丰富人物的形象，达到以此显彼的效果。在学习过程中，学生通过鉴赏、比较、探究的方式进行自主学习，并将这一描写方法应用于《明湖居听书》一课的鉴赏分析，达到事半功倍的效果。

教学目标：

1. 理解侧面描写的内涵，并通过比较鉴赏，感知侧面描写的好处。

2. 通过名篇鉴赏，掌握侧面描写的方法；同时能够分析这一方法在凸显主体方面起到的作用。

教学方法：

通过鉴赏法、比较法、启发法，帮助学生打开思路，解决问题。

教学环节：新知导入、概念界定、比较鉴赏、方法总结、拓展应用

设计思路：

1.新知导入（8秒）

开门见山地提出侧面描写这一描写方法。

2.概念界定（17秒）

（1） 阐述侧面描写的定义即：是指在文学创作中，作者通过对周围

人物或环境的描绘来表现所要描写的对象，以使其鲜明突出，即间接地对描写对象进行刻画描绘。

（2）回顾与之相对应的正面描写：直接通过对人物的肖像、语言、动作、神态、心理等方面的描写，去表现人物的性格、品行和技能。

（3）指出侧面描写的作用：侧面描写是正面描写的一种补充，侧面描写曲折含蓄，能唤起读者的想象，丰富人物的形象，达到以此显彼的效果。

3.比较鉴赏（3分30秒）

通过乐府民歌《陌上桑》的鉴赏，来体会侧面描写的好处。

青丝为笼系，桂枝为笼钩。

头上倭堕髻，耳中明月珠。

缃绮为下裙，紫绮为上襦。

行者见罗敷，下担捋髭须。

少年见罗敷，脱帽着帩头。

耕者忘其犁，锄者忘其锄。

来归相怨怒，但坐观罗敷。

可以得出侧面描写有如下好处：

① 侧面描写是正面描写的有益补充；

② 侧面描写更能激发人的想象力；

③ 侧面描写有利于烘托人物形象。

4.方法总结（2分53秒）

通过实例总结出如下三种方法：

① 以人衬人（通过对主人公有影响的人物描写来烘托目标人物对象）；

② 以物衬人（通过周边事物描写烘托目标人物对象）；

③ 以景衬人（通过对主人公有影响的景致描写来烘托目标人物对象）。

5.拓展应用（13秒）

请学生运用以上所学，在《明湖居听书》一文中，找到相应的侧面描写。

二、字幕

同学们好！我们今天一起来学习侧面描写。

那么，什么是侧面描写呢？侧面描写也叫间接描写，是指在文学创作中，作者通过对周围人物或环境的描绘来表现所要描写的对象，以使其鲜明突出，即间接地对描写对象进行刻画描绘。通常情况下，文学作品人物形象的刻画多采用正面描写的手法，即直接通过对人物的肖像、语言、动作、神态、心理等方面的描写，去表现人物的性格、品行和技能。但有时恰当地借助一些侧面描写，常常可以起到正面描写无法替代或者很难达到的艺术效果。它是正面描写的一种补充。侧面描写曲折含蓄，能唤起读者的想象，丰富人物的形象，达到以此显彼的效果。

我们先来看一下正侧面描写相对照的范例，汉代乐府诗《陌上桑》：

青丝为笼系，桂枝为笼钩。

头上倭堕髻，耳中明月珠。

缃绮为下裙，紫绮为上襦。

行者见罗敷，下担捋髭须。

少年见罗敷，脱帽着帩头。

耕者忘其犁，锄者忘其锄。

来归相怨怒，但坐观罗敷。

这段文字首先是正面描写罗敷的美，“青丝为笼系，桂枝为笼钩。头上倭堕髻，耳中明月珠。缃绮为下裙，紫绮为上襦。”可是，不同的人审美是不同的，这样的罗敷符合大众的审美吗？或者罗敷到底美到什么程度呢？ 单从正面描写似乎无从得知，或者说，这段正面描写无法激发我们对于美的想象力。那么，我们继续往下读，“行者见罗敷，下担捋髭须。少年见罗敷，脱帽着帩头。耕者忘其犁，锄者忘其锄。来归相怨怒，但坐观罗敷。”这几句写了行者、少年、耕者这些不同年龄，不同阶层的人在见到罗敷时的表现，他们惊艳、惊叹的表现，充分激发出读者对美的想象，更好地烘托出罗敷的美，对正面描写做了恰到好处的补充。

通过对《陌上桑》的分析，我们可以发现侧面描写有如下好处：①侧面描写是正面描写的有益补充；②侧面描写更能激发人的想象力；③ 侧面描写有利于烘托人物形象。正因为如此，在文学创作中，人们惯用侧面描写来烘托人物，那么，侧面描写有哪些方法呢？

在文学创作中，常用的有如下几种方法：①以人衬人（通过对主人公有影响的人物描写来烘托目标人物对象）；②以物衬人（通过周边事物描写烘托目标人物对象）；③以景衬人（通过对主人公有影响的景致描写来烘托目标人物对象）。下面我们就结合实例来具体谈一下。

首先我们来看一个以人衬人的例子：法国作家小仲马的《茶花女》中有一段对茶花女美貌的描写：“当她出现的时候，一个个脑袋此起彼伏，连舞台上的演员也对着她望，她低低一露面就使观众这样骚动。” 这里没有直接描写茶花女的容貌、服饰、风度，也没有直接描写她的美，而是以茶花女在剧场出现时周围人物的反应来衬托茶花女“惊人的美”。

在《口技》中有这样一段道具描写“一桌、一椅、一扇、一抚尺而已。”通过分析简单的道具，烘托出口技表演艺人技艺的高超。这就是以物衬人的描写方法。

最后一种方法是以景衬人，我们来看这首非常熟悉的小令《天净沙·秋思》的一段描写：“枯藤老树昏鸦，小桥流水人家，古道西风瘦马。夕阳西下，断肠人在天涯。”用秋天萧条的景色，更加烘托出远在他乡游子的秋思。同学们，你们掌握了吗？你们能根据以上所学，在我们即将学习的《明湖居听书》一文中，找到相应的侧面描写吗？

典型案例（五）微课《纪律与法律》脚本及字幕

一、 脚本

教学目标：

1. 了解纪律与法律的概念

2. 通过身边实例体会纪律与法律的异同点，提升学生的规则意识，并认识到法律的严肃性，做到遵纪守法

重点：纪律与法律的概念

难点：纪律与法律的异同点

微课脚本：

序号	教学内容	时长	PPT页码	字幕
1	片头	13秒	无	职业道德与法律 纪律与法律 主讲人：李莉
2	导入	16秒	第1–2页	在社会主义荣辱观中，提出了以遵纪守法为荣，以违法乱纪为耻，那么纪律和法律的概念是什么？又有哪些异同点呢？让我们一起来学习一下吧！

续表

序号	教学内容	时长	PPT页码	字幕
3	纪律与法律的概念	29秒	第3页	纪律的定义是社会一定组织为维护集体利益并保证活动正常进行而制定的、要求每个成员遵守的行为准则。 法律的定义是一种概括、严谨、普遍的行为规范，是国家制定和认可的行为规范，是国家确认权利和义务的行为规范，是以国家强制力保障实施的行为规范
4	纪律与法律异同	32秒	第4页	从概念中，我们不难看出纪律与法律的相同点，都是规范人们行为的准则，违反会造成一定后果，要受到相应的惩处；不同点是它们的制定者不同，规范对象不同，适用范围不同，内容多寡详略不同，处罚的裁定者不同，处罚的方式和强度不同 在微信平台上，我看到了一些讨论，我们一起来看看吧！
5	微信交流讨论	3分45秒	第5–9页	教师：生活中，你知道的规则有哪些？试着说说看吧！ 学生：学校有校规，工厂有厂规，驾车有交规，国家有法律 学生：违反校规会受罚，违反厂规会罚款，违反交规会挨罚，违反法律会严惩 教师：说得非常好，校规、厂规属于纪律范畴。你知道吗，交规不同于校规、厂规，它属于法律范畴，特指我国正在施行的交通管理法律、规章 学生：我知道宪法、刑法、治安处罚法、教育法、未成年人保护法、教师法等法律 视频1.15岁少女失踪之谜（视频） 案例2.一天上午，某港务装运处吊车司机王某没按时上班，耽误了货物装卸，受到队长的严厉批评。王某认为队长借

续表

序号	教学内容	时长	PPT页码	字幕
				题发挥，与其争执。队长向经理汇报，经理在电话中批评王某。王某余气未消，找经理解释，而且动手打了经理。两天后，港务处负责人会议决定让王某停职检查，写出书面检查后再作处理。王某交出书面检查后，港务处仍以检查不深刻为由不同意其上班。王某不服，向法院起诉港务处。法院经审理认为：原被告双方有劳动合同关系，原告违反劳动纪律，被告可以对其处理；按照相关法规，没有停止工作这种处分形式，停止原告工作违反了劳动合同法，侵犯了原告的劳动权利。法院判决被告恢复原告的工作 
6	总结提升	41秒	第10页	教师：这两个案例很好，我们可以看出纪律与法律不同点，纪律的制定者为一定社会组织，规范对象为该社会组织的成员，适用于本组织的全体成员；法律的制定者为国家，法律的规范对象为全体公民，适用于全体公民，法律的处罚方式和强度要比纪律更为严厉。纪律制定如果与法律相抵触是没有意义的
7	回应导入	12秒	第11页	有规矩才能成方圆，懂规矩才知怎么做，守规矩才能得幸福。我们要以遵纪守法为荣，以违法乱纪为耻，增强规则意识

续表

序号	教学内容	时长	PPT页码	字幕
8	片尾	10秒	无	欢迎加入我们的云班课 更多精彩等着你!

二、 字幕

在社会主义荣辱观中，提出了以遵纪守法为荣，以违法乱纪为耻，那么纪律和法律的概念是什么？又有哪些异同点呢？让我们一起来学习一下吧！

纪律的定义是社会一定组织为维护集体利益并保证活动正常进行而制定的、要求每个成员遵守的行为准则。

法律的定义是一种概括、严谨、普遍的行为规范，是国家制定和认可的行为规范，是国家确认权利和义务的行为规范，是以国家强制力保障实施的行为规范。

从概念中，我们不难看出纪律与法律的相同点，都是规范人们行为的准则，违反会造成一定后果，要受到相应的惩处；不同点是它们的制定者不同，规范对象不同，适用范围不同，内容多寡详略不同，处罚的裁定者不同，处罚的方式和强度不同。

在微信平台上，我看到了一些讨论，我们一起来看看吧！

教师：生活中，你知道的规则有哪些？试着说说看吧！

学生：学校有校规，工厂有厂规，驾车有交规，国家有法律

学生：违反校规会受罚，违反厂规会罚款，违反交规会挨罚，违反法律会严惩

教师 ：说得非常好，校规、厂规属于纪律范畴。你知道吗，交规不同

于校规、厂规，它属于法律范畴，特指我国正在施行的交通管理法律、规章。

学生：我知道宪法、刑法、治安处罚法、教育法、未成年人保护法、教师法等法律

视频1. 15岁少女失踪之谜（视频）

案例2.一天上午，某港务装运处吊车司机王某没按时上班，耽误了货物装卸，受到队长的严厉批评。王某认为队长借题发挥，与其争执。队长向经理汇报，经理在电话中批评王某。王某余气未消，找经理解释，而且动手打了经理。两天后，港务处负责人会议决定让王某停职检查，写出书面检查后再作处理。王某交出书面检查后，港务处仍以检查不深刻为由不同意其上班。王某不服，向法院起诉港务处。法院经审理认为：原被告双方有劳动合同关系，原告违反劳动纪律，被告可以对其处理；按照相关法规，没有停止工作这种处分形式，停止原告工作违反了劳动合同法，侵犯了原告的劳动权利。法院判决被告恢复原告的工作。

教师：这两个案例很好，我们可以看出纪律与法律不同点，纪律的制定者为一定社会组织，规范对象为该社会组织的成员，适用于本组织的全体成员；法律的制定者为国家，法律的规范对象为全体公民，适用于全体公民，法律的处罚方式和强度要比纪律更为严厉。纪律制定如果与法律相抵触是没有意义的。

有规矩才能成方圆，懂规矩才知怎么做，守规矩才能得幸福。我们要以遵纪守法为荣，以违法乱纪为耻，增强规则意识。

典型案例（六）微课《双曲线的渐近线》教学设计

专业：文化基础课

学科：数学

课程：中等职业教育《数学》

适用对象：中职二年级学生

教学背景：

本节内容选自人民教育出版社中等职业教育规划教材《数学》第三册第十三章，渐近线是圆锥曲线的几何性质中双曲线所独有的几何性质，是教学中的重点内容，也是学生初学时的难点内容，它与双曲线的离心率、图像的开阔程度有着密切关系。在学习过程中，学生可以体会到数形结合

的数学思维方式，通过观察、探究、总结、应用的自主学习方式，又可培养学生勇于探索、敢于创新的精神。

教学目标：

1. 通过师生对话讲解渐近线的概念和渐近线的计算方法，并在几何画板中由学生初步感知双曲线的渐近线与图像的关系，最终由师生共同探究突破难点。

2. 学生在观察探究、师生互助的学习过程中寻找规律，培养学生自我思考，提高分析、解决问题的能力，体会探索的快乐；知识应用让学生体会学习的收获，知识拓展帮助学生感悟分享的快乐，激发学生的学习兴趣。

教学方法：创设情境、教师答疑、自主探究、练习巩固、知识应用、学习小结、拓展延伸等教学环节，深入浅出、层层深入、突破难点，达成教学目标。

课程设计思路：

片头（9秒）：双曲线的渐近线

1.课堂导入（18秒）：

以歌曲《悲伤双曲线》创设情境，导入知识学习。

2.新知学习（4分11秒）：

（1） 学生回答渐近线的定义及定义法求解渐近线方程的方法，并提出疑惑，教师解答讲解换零法求渐近线方程的方法，学生练习求出$9y^2-16x^2=1$的渐近线方程。

（2） 学生提出问题“渐近线与双曲线的图像有什么关系？”，教师在几何画板中给出双曲线与其渐近线的模型，学生自主探究离心率、渐近线与双曲线图像的关系，并得出结论。

（3） 教师指导学生应用新知，利用渐近线与双曲线图像的关系画出双曲线$5x^2-4y^2=20$的近似图形。

3.知识小结（20秒）：

（1） 学习了双曲线渐近线的定义和求解方法——换零法。

（2） 研究了双曲线的渐近线与其图像的关系。

4.知识拓展（13秒）：

由学生利用双曲线图像创作一件作品，与他人分享；并以歌曲结尾，再次突显双曲线的渐近线与其图像的关系。

片尾：（24秒）回归情景，突出重点，音乐淡出。

教学总结：

整节微课以歌曲《悲伤双曲线》为主线，结合几何画板、多媒体课件等信息化手段，数形结合、深入浅出地讲解了双曲线的渐近线的定义、求解方法、与双曲线图像的关系及双曲线近似图形的画法等与渐近线相关的知识点。

典型案例（七）微课《指数函数的定义》教学设计

<table>
<tr><th colspan="2">微课程信息</th></tr>
<tr><td>主题名称</td><td>《指数函数的定义》</td></tr>
<tr><td>知识地位</td><td>人教社《数学》第一册
第四章《指数函数与对数函数》第二节
这是一种特殊的函数，常用于解决一些实际生活问题。</td></tr>
<tr><td>授课对象</td><td>中等职业学校----护理专业学生
有利因素：护理专业的学生思维活跃，兴趣广泛，对一般函数的定义、性质和图像已经有了充足的理解；不利因素：讨厌抽象的理论知识和枯燥的说教。</td></tr>
<tr><td>教学目标</td><td>1.掌握指数函数的定义（重点）
2. 会判断什么样的函数是指数函数（难点）</td></tr>
<tr><td>教学用途</td><td>用于课前学生的预习自学</td></tr>
<tr><td>制作方式</td><td>屏幕录制软件+几何画板+PPT课件</td></tr>
<tr><td>使用方式</td><td>多媒体教室、个人电脑、手机等</td></tr>
<tr><td>预计时间</td><td>（不超过10分钟）</td></tr>
<tr><th colspan="2">微课程设计</th></tr>
<tr><th>教学过程</th><th>设计意图</th></tr>
<tr><td>一、故事导入
《棋盘的故事》
很久以前，阿基米德与国王下棋，结果国王输了。国王问：“小德，你需要什么奖赏呢？”阿基米德说“您只需要在棋盘第一个格子里放1粒米，第二个格放2粒米，第三格放4粒米，第四格放8米粒，依次类推……按照这个方法将摆满棋盘的米粒送给我就好”</td><td>这样的故事导入的设计，一方面能引起学生的学习的兴趣，另一方面通过故事的方式，把一个特殊的指数函数自然的介绍出来，为后面理论的介绍做好了铺垫。</td></tr>
</table>

续表

听起来也不是很多啊，让我们来帮国王计算一下吧！ 同时结合专业播放细胞分裂的动画，让学生形象的理解这类函数的特点，总结出函数解析式。	
二、特例介绍 一种放射性物质不断衰变，每经过 1 年剩留的质量约是原来的 84%. 试写出这种物质的剩留量随时间变化的函数解析式. $y=0.84x$	通过层层递进的推导分析，得出了底数为0.84的一个指数函数
三、定义介绍 将微课进行微翻转，通过网络（微信、QQ）与学生进行交流沟通。解决了学生对定义存在的迷惑，即底数a的取值范围（0，1）∪（1，+∞），从而得出了指数函数的明确定义。 定义：一般地，函数$y=ax$（$a>0$且$a\neq1$，$x\in R$）叫作指数函数，其中 x 是自变量。 关键词：底数不同取值范围。 1. 定义域：R 2. 值域：（0，+∞） 3. 判断：判断下列函数哪些是指数函数? （1）$y=4^x$ （2）$y=x^4$ （3）$y=-4^x$ （4）$y=4^{x+1}$ 注意：指数函数的定义是形式定义，必须在形式上一模一样才行，进而得出只有（1）是指数函数。 四、引申知识 播放木棒长度变化的FLASH动画，让学生形象的理解指数函数的函数值随自变量的变化趋势。并且用几何画板画出两个指数函数图像，引导学生继续探索下一小节的知识。	通过师生在线交流，明晰了学生对底数范围存在的误区。突出重点。 通过关键词的设置，提醒学生需要特别注意的地方。 结合具体的例题，加强了学生对概念的印象和知识的牢固性。避免了纯理论的讲解的空洞性。突破难点。 结合之前学过的指数函数定义激发学生去探究指数函数的图像和性质
五、情感教育 棋盘的故事让我们看到积微成著，而节约也应该从一点一滴开始，启发学生节约粮食保护树木，热爱生活！	培养学生热爱生活、学会生活、创造生活的能力。

续表

教学反思： 本次微课视频的设计，基本实现了教学目标，体现出了重点和难点内容。通过一个故事的导入，激发了学生学习的兴趣。故事中蕴含了“指数函数”的模型，在故事之后通过细胞分裂的动画，形象地展示了指数函数的特点。然后通过微信群，师生互动的形式，解决了定义的疑难所在。通过一道例题，明确了指数函数的形式。然后通过一个FLASH动画，引导学生继续探究，并且通过几何画板布置了下节课的任务，使学生在不知不觉中收获了新的知识！	

典型案例（八）微课《英语时间表达法》教学设计及脚本

一、 教学设计

课题：英语时间表达法

What time is it?

课型：新授

课题分析：本课题属交际会话课。本课题在初中教材中已经涉及，由于这一话题在日常生活中的实用性又是中职对口升学考试中英语重要考点之一，所以英语时刻表达法是中职英语教学中的重点话题之一。

学情分析：中等职业学校的学生普遍英语基础差，特尤其是口语表达能力差。主要表现在：单词读、写困难；对简单的音标、语法、时态掌握不牢，造成对英语学习失去信心；对英语学习不感兴趣，认为英语不重要，只要学好专业课，就能干好工作；对现代技术人才在英语上的要求不了解，产生一些错误的认识，因而造成对英语学习的误解。

教学目标：

1.知识目标：

（1） Read and say time in English.

（能用英语读和说时刻）

（2）Talk about something about time in English.（用英语谈论时刻）

What time is it?（现在几点？ ）

It is time to…（该是做……的时间了。）

2.能力目标：培养学生用英语口语表达时间的能力。

能够自如地询问别人“在几点？”及简单地谈论时间。

3.情感目标：培养用英语交流的习惯。

引导学生珍惜时间，合理利用时间。

教学重点：英语时刻的读法。

整点表达法

非整点表达法——顺读法

逆读法

特殊表达法

教学难点：正确使用英语表达法进行日常会话的能力

教学设计思想：根据学情和家学要求我将时间表达法分为两大类

教学过程：

（1）导入：通过生活购物图片和实物创设语言交际的情景，提出问题：What time is it?简洁明了地直接导入课题

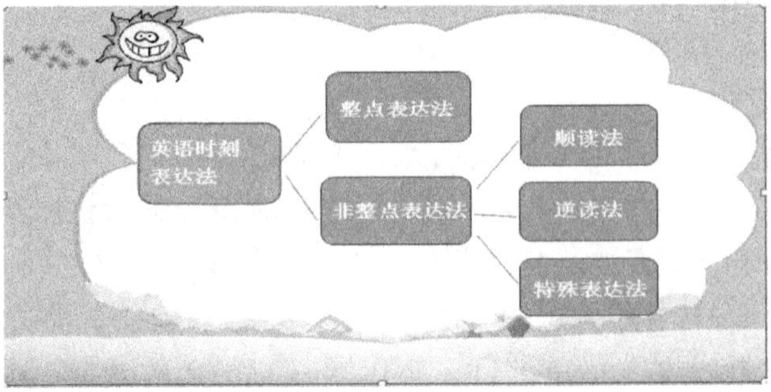

（2） 讲解知识框架

（3） 整点表达法的学习

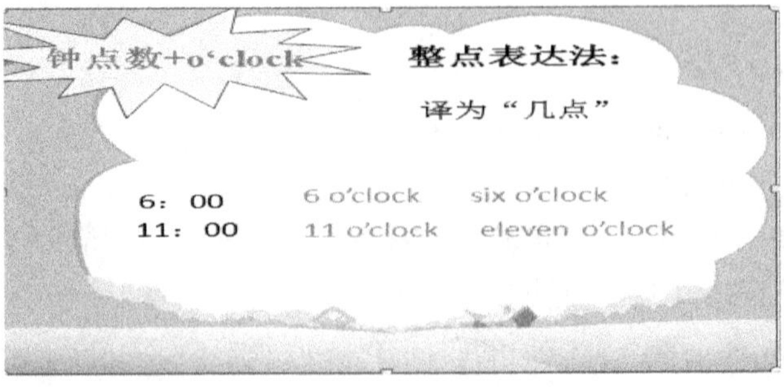

①整点时刻的读法 教师示范

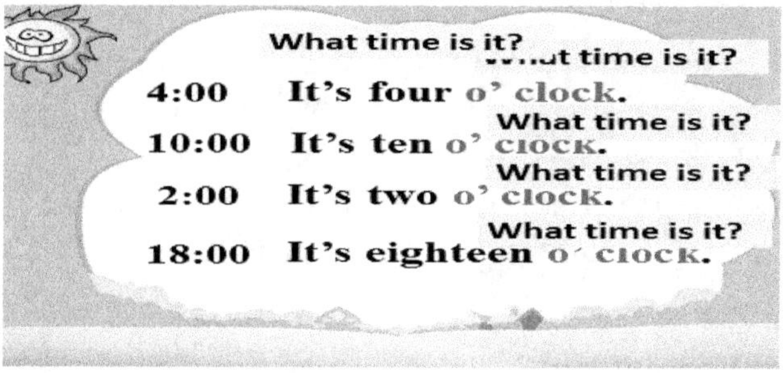

②有关整点时刻的对话，问与答。学生练习。

③小测试 由练习中提供具体时刻改为观察钟表自己读出时刻，难度增加。

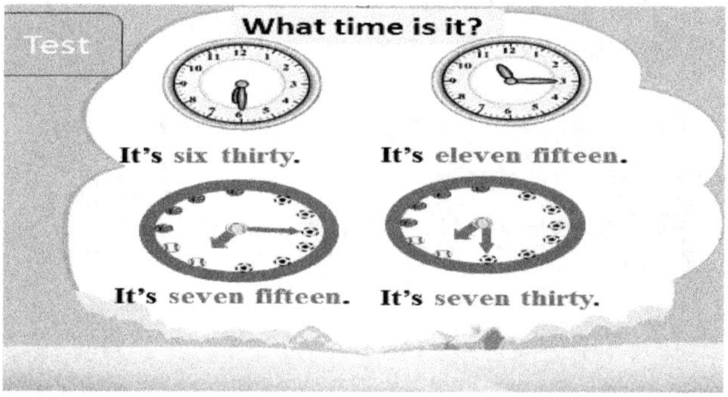

（4）非整点时刻的顺读法

①教师讲解及示范。

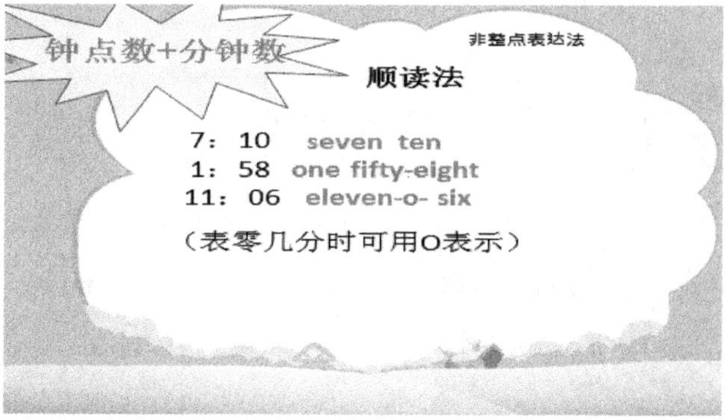

②学生练习对话问答。

③观察钟表做Test

（5） 非整点时刻的逆读法

①教师讲解读法要求及示范

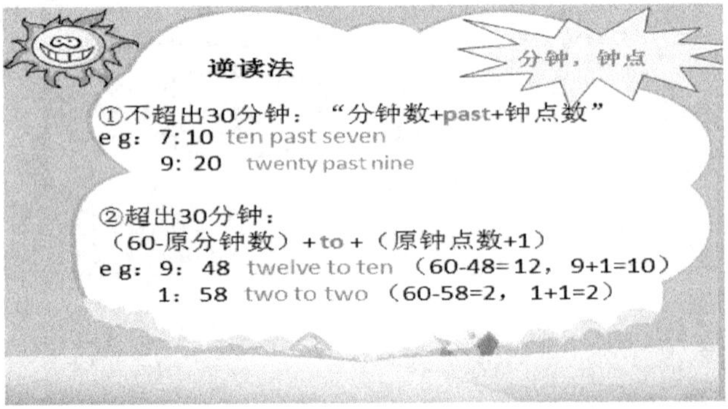

②学生逆读法的问答。

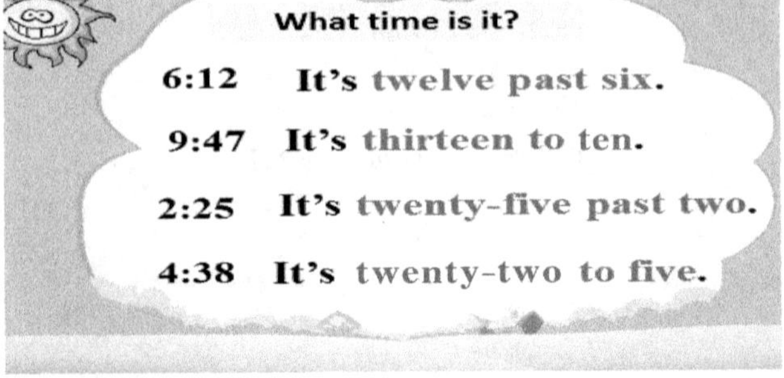

③根据钟表做test 教师接着给出参考读法。

（6） 非整点时刻的特殊读法

①用到的关键单词

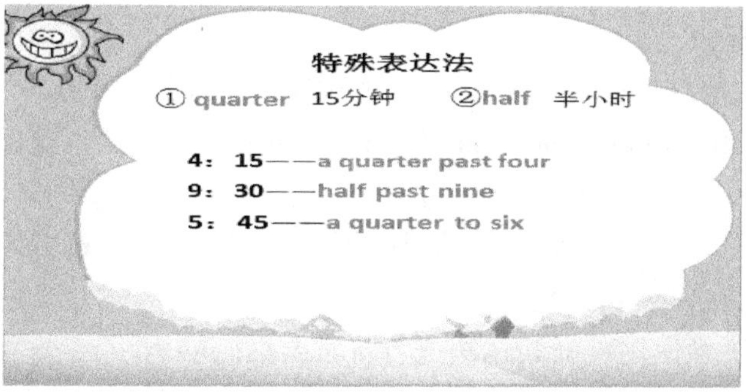

②学生练习

③根据钟表做小测试及教师给出参考读法

（7）时刻表达法在英语情景中的应用，以及练习重点句型：It is time to do sth.（“该是做某事的时候了。”）

情感教育：引导学生树立珍惜时光、合理安排时间的观念。

教学反思：

在这节课的设计中我注意到了简洁明了地传授知识，并且遵循由简单到复杂，由易到难的传授过程。始终把教师的示范放在前面，给学生练习体验的过程，每一环节又设计了都有针对性的练习，尽力使学生每一环节的学习都知识点明确，确实地掌握每一种表达方式。之后难度再增加一些插入重点句型It is time to sth.的练习，为该单元后面知识的学习做好铺垫。最后融入情感教育，珍惜时光，合理安排时间，学习生活会更美好！

二、 脚本

教学目标：

1. Read and say time in English.（能用英语读和说时刻）

2. Talk about something about time in English.（用英语谈论时刻）

What time is it?（现在几点？）

It is time to…（该是做……的时间了。）

重点：英语时刻的读法

难点：正确使用英语表达法进行日常会话的能力

微课脚本：

序号	教学内容	时长	PPT页码	字幕
1	片头	13秒	无	What time is it?
2	导入	44秒	第1–3页	开门见山，直接以练习问答形式导入新课。
3	英语时刻表达法的介绍	17秒	第4页	英语时刻表达法分为整点表达法和非整点表达法，非整点表达法又分为顺读法、逆读法和特殊表达法。
4	整点表达法	62秒	第5–7页	整点表达法：钟点数+o ‘clock 6：00　six o’clock 11：00　eleven o’clock 4：00 What time is it? It’s four o’clock. 10：00 What time is it? It’s ten o’ clock. 2：00 What time is it? It’s two o’ clock. 18：00

续表

<table>
<tr><th>序号</th><th>教学内容</th><th>时长</th><th>PPT页码</th><th>字幕</th></tr>
<tr><td></td><td></td><td></td><td></td><td>What time is it?
It's eighteen o' clock.
Test

It's eight o'clock.
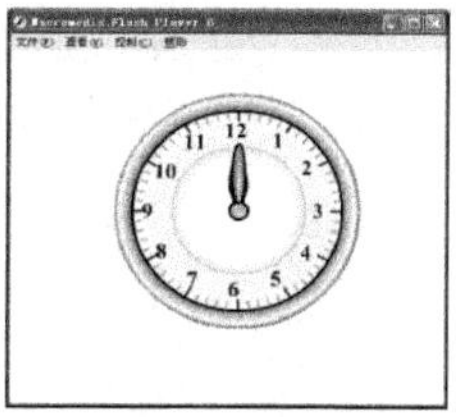
It's twelve o'clock.

It's nine o'clock.

It's five o'clock.</td></tr>
</table>

续表

序号	教学内容	时长	PPT页码	字幕
5	顺读法	1分25秒	第8–10页	顺读法：钟点数+分钟数 7：10 seven ten 1：58 one fifty–eight 11：06 eleven–o– six 2：20 What time is it? It's two twenty. 4：50 What time is it? It's four fifty. 12：35 What time is it? It's twelve thirty–five. 9：03 What time is it? It's nine o three. Test 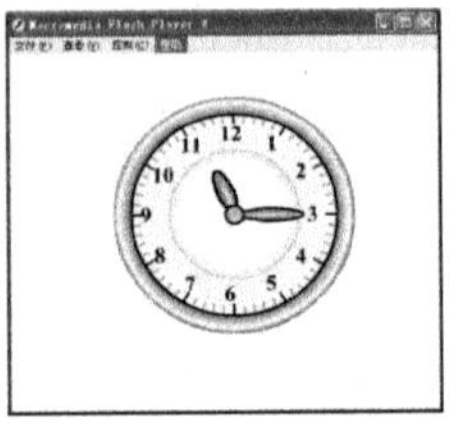 It's six thirty. 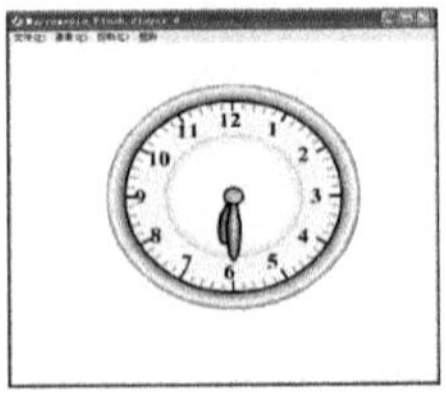 It's eleven fifteen.

续表

序号	教学内容	时长	PPT页码	字幕
				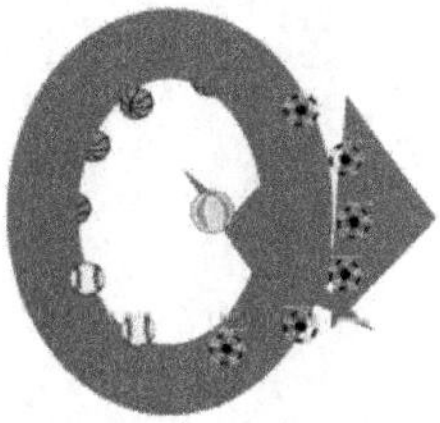 It's seven fifteen. 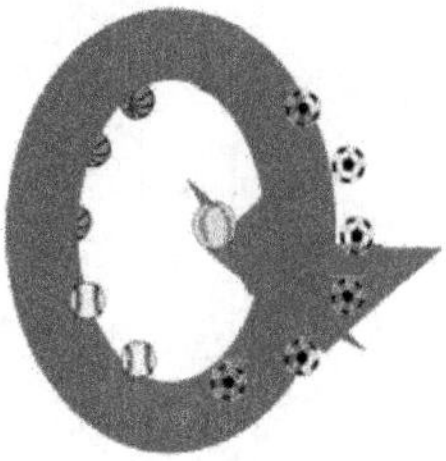 It's seven thirty.
6	逆读法	1分40秒	第11－13页	逆读法：分钟，钟点 ①不超出30分钟：“分钟数+past+钟点数” e g：7：10 ten past seven 9：20 twenty past nine ②超出30分钟： （60–原分钟数）+ to +（原钟点数+1） e g：9：48 twelve to ten（60–48=12，9+1=10） 1：58 two to two（60–58=2，1+1=2） 6：12 What time is it? It's twelve past six. 9：47 What time is it? It's thirteen to ten. 2：25

续表

序号	教学内容	时长	PPT页码	字幕
				What time is it? It's twenty-five past two. 4：38 What time is it? It's twenty-two to five. Test  It's four past nine.  It's ten to two.  It's twenty-five past ten.  It's four to twelve.

续表

序号	教学内容	时长	PPT页码	字幕
7	特殊表达法	1分11秒	第14－16页	特殊表达法① quarter②half 4：15——a quarter past four 9：30——half past nine 5：45——a quarter to six 3：45 What time is it? It's a quarter to four. 12：15 What time is it? It's a quarter past twelve. 10：30 What time is it? It's half past ten. 1：45 What time is it? It's a quarter to two. Test 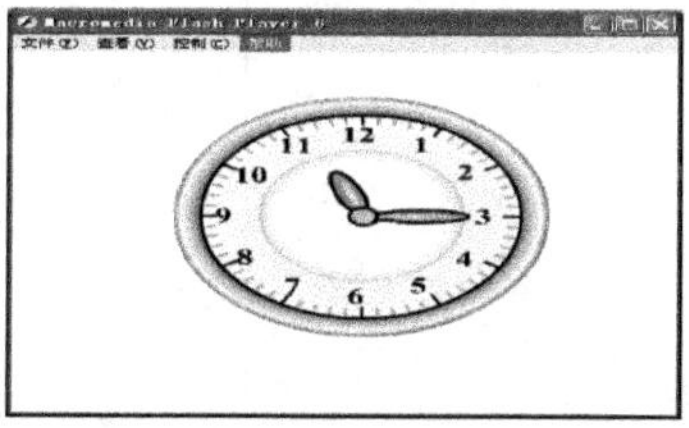 It's a quarter past eleven. 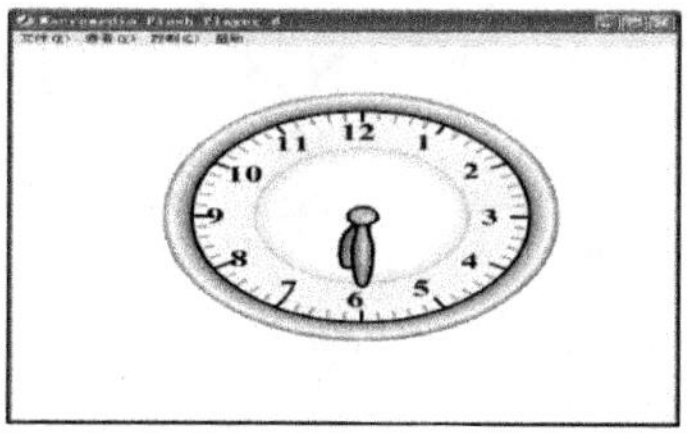 It's half past six.

续表

序号	教学内容	时长	PPT页码	字幕
				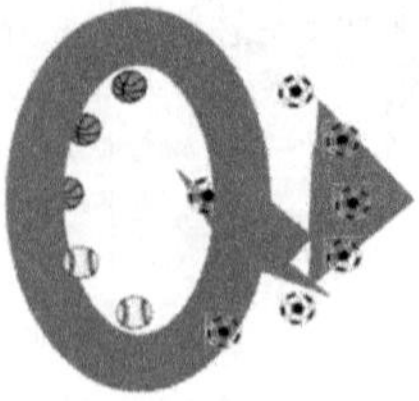 It's a quarter past seven. 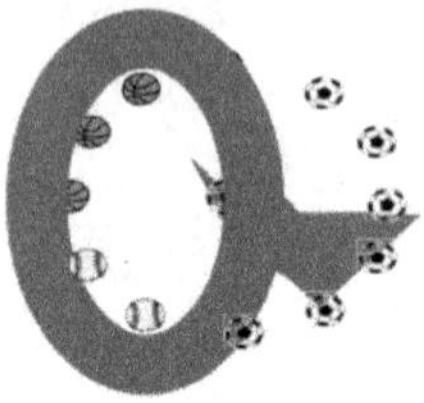 It's half past seven.
8	总结提升	1分13秒	第17-24页	 **get up** It's half past six. It is time to get up.  **eat breakfast** It's seven o'clock. It is time to eat breakfast.

续表

序号	教学内容	时长	PPT页码	字幕
				 **go to school** It's eight o'clock. It is time to go to school.  **lunch** It's twelve o'clock. It is time to have lunch.  **fly a kite** It's half past fifteen . It is time to have lunch.

续表

序号	教学内容	时长	PPT页码	字幕
				 **watch TV** It's half past nineteen . It is time to watch TV.  **go to bed** It's nine o'clock pm. It is time to watch TV.
9	片尾寄语	6秒	第25页	Arrange your daily life properly, and it will help you. Better study, better life.

典型案例（九）微课《What's the weather like today?》设计脚本

教学目标：

1. Ask and talk about weather in English.
   （能用英语问和谈论天气）
2. Remember some weather signs .
   （记住一些常用的天气符号）

重点：用所学句型英语谈论天气

难点：正确使用英语谈论天气的能力

微课脚本：

序号	教学内容	时长	PPT页码	字幕
1	片头	13秒	1–2	Weather 阳信县职业中专 张芳
2	导入	32秒	第3页	以一首关于天气的歌曲导入新课。
3	如何询问和回答天气	1分1秒	第4页	（一）如何对天气提问用： How's the weather?（What's the weather like?） 天气怎么样? 1）后可接时间。如： How's the weather today?（What's the weather like today?） 今天天气怎么样? 2）后可接地点。如： How's the weather in Jinan?（What's the weather like in Jinan?） 济南天气怎么样? （二）回答用“It's+天气”如： –How's the weather today?（What's the weather like today?） –It's cloudy\ It's a cloudy day
4	询问天气和回答天气的练习	2分25秒	第5–11页	

续表

<table>
<tr><th>序号</th><th>教学内容</th><th>时长</th><th>PPT页码</th><th>字幕</th></tr>
<tr><td></td><td></td><td></td><td></td><td>
A： How's the weather?
(What's the weather like?)
B： It's sunny./ It's a sunny day.

</td></tr>
</table>

续表

序号	教学内容	时长	PPT页码	字幕
				A：How's the weather?/ what's the weather like? B：It is rainy/ a rainy day.  A：How's the weather?/ what's the weather like? B：It is foggy/ a foggy day.  A：How's the weather?/ what's the weather like?

序号	教学内容	时长	PPT页码	字幕
				 B：It is foggy/ a foggy day.  A：How's the weather?/ What's the weather like? B：It is snowy/ a snowy day. 

序号	教学内容	时长	PPT页码	字幕
				A：How's the weather?/　What's the weather like? B：It is cloudy/ a cloudy day.
5	天气符号	41秒	第12页	 sunny　 cloudy  Foggy　 rainy  Snowy　 windy
6	天气预报	2分19秒	第13－14页	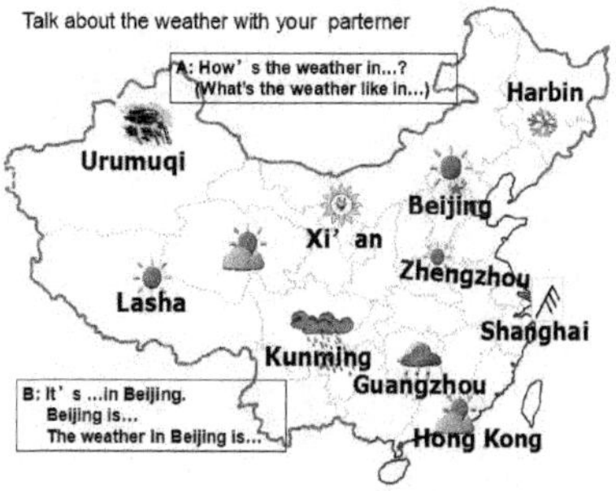 A：How's the weather in Beijing? /What's the weather like in Beijing?

续表

序号	教学内容	时长	PPT页码	字幕
				B：It's sunny in Beijing./ Beijing is sunny./ The weather in Beijing is sunny.  Hello，everyone.I'm Li Lei from CCTV. Here is the weather report. It's sunny in Beijing.It's snowy in Harbin. Shanghai is windy.Kunming is … The weather in Hong Kong is cloudy… Thank you! Hello，everyone.I'm Li Lei from CCTV. Here is the weather report. It's sunny in Beijing.It's snowy in Harbin. Shanghai is windy.Kunming is … The weather in Hong Kong is cloudy… Thank you!
7	总结	56秒	第15页	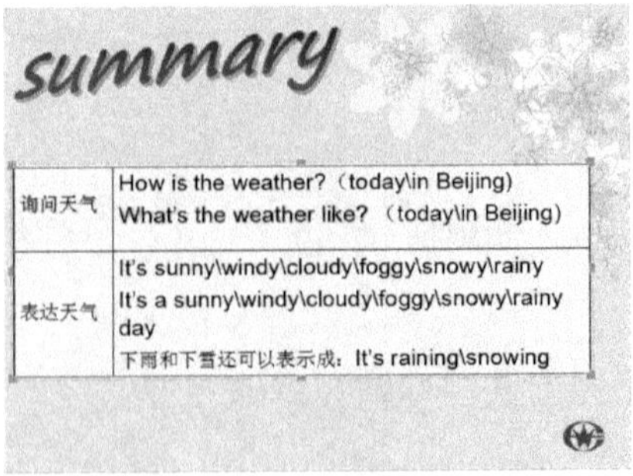

续表

序号	教学内容	时长	PPT页码	字幕
8	Warning（警示录）	22秒	第16页	We have only one Earth. 我们只有一个地球。 The earth is our home. 地球是我们的家。
9	感谢收看	8秒	第7页	Thank you!

参考书目

[1] 赵婀娜，闰星辰.“慕课”来袭，中国大学如何应对[N].人民日报，2013-08-08.

[2] 冯培.挑战与变革：慕课时代的高等教育前线[J].前线，2013年12期.

[3] Le Roy A. Mc Grew. A 60 -Second Course in Organic Chemistry [J].Journal of Chemical Education，1993，70（7）：543-544.

[4] 梁乐明，曹俏俏，张宝辉.微课程设计模式研究——基于国内外微课程的对比分析[J].开放教育研究，2013，19（1）：65-73.

[5] 混合学习在高等师范院校现代教育技术课程教学中的应用研究http：//www.doc88.com/p-0136924423024.html.

[6] T. P. kee The One Minute Lecture [J]. Education in Chemistry，1995，（32）：100-101.

[7] 关中客.微课程[J].中国信息技术教育，2011，（17）：14.

[8] Educause. 7 Things You Should Know About Microlecture [EB/OL]. [2013-04-12]. http：//www. educause. edu/library/resources/7-things-you-should-know-about-microlectures.

[9] 张静然.微课程之综述[J].中国信息技术教育，2012，（11）：19-21.

[10] 焦建利.微课及其应用与影响[J].中小学信息技术教育2013（04）：15-16.

[11] 黎加厚.微课的含义与发展 [J]. 中小学信息技术教育，2013，（4）：10-12.

[12] 胡铁生.“微课”：区域教育信息资源发展的新趋势[J].电化教育研究，2011，（10）：63-67.

[13] Micro-Lectures [EB/OL]. [2013 -04 -20].http：//wwf.edu/cutlas/micro-

lectures.ofm.10. 1007%2Fs10755-009-9108-1.
［14］“翻转课堂”改变灌输教育［N］.大众日报，2013.11.27.
［15］徐倩. 慕课能否撼动课堂［J］.上海教育，2013，（10A）.
［16］何克抗. TPACK：美国“信息技术与课程整合”途径与方法研究的新发展（上）［J］. 电化教育研究，2012（5）：5-10.
［17］混合式学习［EB/OL］.http：//www.360doc.com/content/10/0318/22/251082_19316605.shtml.
［18］黄金金. 高校公选课的混合式教学实践研究［D］.南京：南京邮电大学，2012.
［19］教学目标［EB/OL］. http：//baike.baidu.com/link？url=l4v3QlhrpZDpm0NE9XuoS9xz0gsfNW9ctE9vDyQSpzWW0rYVazJ0EM4qX2bf9rrX8Dp8JoWnS374sAdrl44H2K.
［20］马艾. 中国近代史教学改革新探索［J］.黑龙江史志，2014（22）.
［21］中职生的心理分析及对策http：//www.zytxs.com/paper/pp16175.html.
［22］吴岚岚. 佛山“微课堂” 网上受热捧［N］.佛山日报，2011-07-04：A01.
［23］王竹立. 微课：课堂还是网络？［J］.中国教育网络，2013，102，16-18.
［24］王竹立. 我国教育信息化的困局与出路——兼论网络教育模式创新［J］. 远程教育杂志，2014，（2）：3-12.
［25］赵小蕊. 微课在银川市小学语文教学中的应用研究［D］.宁夏大学教育硕士专业学位论文，2014，4：13-14.
［26］詹春青，严启荣.佛山市中小学教师开发与应用微课的调查研究［J］.教育信息技术，2014，（2）：59-64.
［27］胡铁生，周晓清.高校微课建设的现状分析与发展对策研究［J］.现代教育技术，2014，（2）：5-13.
［28］王竹立. 零存整取：网络时代的学习策略［J］.远程教育杂志，2013.（3）：37-43.
［29］王竹立. 新建构主义与知识创新［J］.远程教育杂志，2012，（2）：36-43.

［30］新华网：课堂玩手机成“国际难题”老师：手机成“打不退的第三者”［EB/OL］.［2014-09-02］.http：//news.xinhuanet.com/edu/2014-04/27/c_126438302. htm.

［31］王竹立. 当学生人手一台电脑时，教师该如何上课?［J］.中国信息技术教育，2013，（5）：89-90.

［32］王竹立. 新建构主义教学法初探［J］.现代教育技术，2014，（5）：5-11.

［33］慕课学生学习之旅http：//www.docin.com/p-971343474.html.